U0612781

之
Balancing
间

平 衡 你 自 己

张冠生 著

九人

SPM
南方传媒 | 广东人民出版社
·广州·

目录

小引

一

1990 年代中期，连续两年参加实地考察活动，任务一样，为费孝通、钱伟长、丁石孙三位先生作助手，承担他们沿途演说文稿起草事务。

列车从北京出发，三位先生不时聚议，谈笑风生。一路听他们聊天，先生聊得有趣，助手听得入神。

一次说起北大、清华过去的校长、教授。蔡元培、胡适、傅斯年、辜鸿铭、梅贻琦、潘光旦……各有风采，潇洒出尘，轶事多多。谈话临近收尾，北大老校长丁先生感慨：过去这些学者，不管是什么专业、做哪门学问，都很有意思。清华、北大我都待过，那时候有一个算一个。现在，有意思的人不多了。

费、钱二老听着，都点头，默然。

听着，看着，心有触动。丁先生说的，是他的观察，也是我们可见证的事实。

二

前辈学者有趣，有意思，从书上能读到，实际接触中能感受到。

北大燕南园，住着林庚先生。初次登门，见他表情肃正，气息威严，不敢大声说话。熟悉后，蒙先生信任，温和之至，过道里摆的一架书，可以随意拿取。

丁石孙先生平时不苟言笑，其实也是"望之俨然，即之也温"。北大校长任上，他骑车上下班。校园里，遇学生有话说，随时停下。进校长办公室，秘书可以直说"你这样做可能会有不好的影响"，他就可能改变做法。他"让所有人当面什么话都敢说"。

离任北大，丁先生到了更高位置。有媒体采访，问"原则"，答"诚实"。问"信奉"，告"自由"。话极简，有意思。十年高位结束，他写了《有话可说》，不公开出版，只作少量自印本，得以多葆诚实，多说真话，多几分记录亲历事件的自主。

三

《张澜纪念文集》出版后，在人民大会堂开座谈会，丁先生代表民盟中央讲话。为他起草讲稿时，我有意识地作了尝试，通篇文字避免流行语言，尽量朴素，空话套话不着一字。交上去后，丁先生全然接受。会场效果大好。

一次，为起草代表大会政治报告，到丁先生办公室听他谈要求。丁先生说："我加入民盟的时候，看过民盟历史上的一些文献。那样的文风，保留了汉语的纯正和尊严，值得学习和借鉴。我们应该有自己的语言，民盟的语言，尽量避免八股习气。"

在北京到深圳的列车上，丁先生嘱咐我：费老想做的事，比他做出来的要多得多。想说的话，也比他说出来的要多得多。你有条件作记录，尽量多记下来，留给历史。民盟里像费老一样想问题的人不算少，你写过费老传记，可以写写更多民盟同人，当然也不限于民盟。我们民盟联系的很多知识分子，也值得尊敬，值得后人记住。

四

丁先生辞世后，他当年的感慨没有忘，嘱咐不敢忘。闲读中，留意有意思的人和事，作记录，写笔记，存敬畏，也希望多少留驻一些曾经的美好意趣。多年里，积累了几十万字的"文人花絮"。借助这些文字，致敬有学识有风骨有意思的前辈，也调剂一下无聊无趣无助的当下。

这些花絮有意思，无主题。像丁先生那样，不出版，只作自遣，也挺好。如此搁置多年。

陈卓兄谋划"斯文丛书"，嘱参与书写。散乱的花絮忽然现出主题——"斯文成群"。于是整理笔记，遂有这本《九人》。

在这些前辈面前，实在自惭形秽。后人写史，说到我们这一代，若是没有多少好话，完全可以理解。同时希望他们能引以为戒，把我们欠缺的补足，然后超越，与祖辈实现隔辈衔接，帮我们还债。

类似文人花絮，譬如《九人》，不属于"经国之大业"，只是个人课业，为日常生活添点意思，也为将来愿意有点出息、有点意思的后人留点薪火，留下人文标本。

五

今逢清明。此刻寅时将尽，卯时在即。窗外有鸟鸣，清亮，悠远，不激不随，引人浮想。

想起"慎终追远，谨始怀来"，想起"学而时习之"，想起"有朋自远方来"，想起"人不知而不愠"，想起"不以物喜，不以己悲"，想起"先天下之忧而忧，后天下之乐而乐"，想起"哀吾生之须臾，羡长江之无穷"，想起"相与枕藉乎舟中，不知东方之既白"，想起"眼前见天下无一个不是好人"……

去年去了惠州，今春到了儋州。到儋州当天，北大一位朋友正好在黄州（今湖北黄冈）。双方约定"共时混搭"，在微信群里互发照片，苏子遗迹交相呈现，不亦乐乎。

何其有趣，何其斯文，何其清明。这类先人，本来史不绝书。

巴黎有座先贤祠。我们能不能先有个纸上先贤祠？

黎明前，生出如此希望。

甲辰清明凌晨于北京

张君劢："再造中国"的理想已成泡影

张君劢（1887.1.18—1969.2.23），原名嘉森，字士林，号立斋，江苏宝山（今属上海市宝山区）人。其祖上世居江苏嘉定葛龙镇，自七世祖衡公时，始迁宝山县真如镇。曾祖秋涯公懂医，仁心仁术，施药济贫，镇上颇有口碑。祖父铭甫公，性情刚毅，博学深思，"始等科甲，入宦途，以清道光丁酉科乡试举人，历署四川内江屏山垫江各县知县。在川十余年，有政声。尤以滇边邑滇平猓夷之役，传颂当时"。

铭甫公书生本色，虽有德政口碑，毕竟倦于仕进，终于辞官归田，退居乡里。张君劢父亲祖泽公随祖父铭甫公居住嘉定，学医于苏州的曹沧州门下，勤习精进，终成名医。其成家后，得子女十多个，张君劢排行第二。

一

祖上如此，可谓"诗礼家风"。张君劢长到六岁时，开始读私塾。据记载，其"善读亦善嬉戏。每独出心裁，有军师之称"。

中日甲午战后，维新之风日烈。李鸿章在上海创建江南制造局广方言馆，引入新学。依张君劢的回忆文字，"那时国人对于外国文视作我们国内任何地方的一种方言一样"，故有"广方言"概念。张君劢遵照母亲意愿，于十二岁考入该馆，学习英文和数理化诸科知识。

其时仍是科举时代，国人对新学尚未认识和接受，只觉得做好八股文可以考功名，入仕做官，新学无益求官，读了等于白读。当时，为鼓励学生求新知，当局补助新学堂每个学生每月一两银子。尽管如此，读广方言馆的学生还是很少。由此看，张君劢母亲之开通明达，实在罕见。

广方言馆的教师中，有位袁希涛先生，启发了张君劢对政治制度的兴趣。翌年，戊戌政变后，清廷通令缉捕康有为、梁启超。该馆门前悬挂的康、梁照片引人注目，反倒刺激了张君劢对维新人物的向往。其年谱初编说，这是"其委身国事之端始"。

张君劢在上海广方言馆读书时，近代教育家马相伯在上海创办震旦学院。梁启超为表声援，将该校招生启事刊载于他主持的《新民丛报》，并在同期撰文《祝震旦学院之前途》，说"中国之有学术自震旦学院始"。十八岁的张君劢读到这篇文章，向往之心更切，于是投考该校，学拉丁文、西洋哲学，与马君武同窗。马相伯自任教授，其授课进度很快，一周就讲完厚厚一本文法。张君劢求学心切，经一段时间努力，勉强能跟上课程。遗憾的是，该校学费奇贵，半年须白银百多两。张君劢心有余，力不足，难以继续学业，于半年后改入南京江南高等学校就读。

该校学习生活仍不太平。刚满一年，"俄占东三省地。吾国外侮日亟，国人激愤仇俄"。张君劢本着爱国心加入抗俄义勇军，竟被校长责令退学，并交地方官吏管束。张君劢的国内求学时期由此结束。他先后在长沙、礼州、常德三地学校教了两年书，积存了四百多元钱，以此为学费，开始东渡求知生涯。

二

因赴日留学，张君劢至少开启了两个方面的全新体验。一是"独立生活之肇始。其随心所欲，遇事无吝色，与豪爽好客，殆于此时或其习性"；二是他从此开始正面接触现代学术，形成终身未变的明确学术追求。张君劢进入早稻田大学，先读预科，再进大学部，课程有政治学、国际法、宪法、经济学、财政学等。后来新开设的政治哲学课程，仅张君劢一人选读。课堂上，师生各一，开始是教师站于讲台，后来就离开讲台，与学生并肩而坐，促膝而谈。

张君劢初入早稻田时，由国内县里供给公费，但要求他学习理化。张君劢钟情于法政学科，公费遂被停掉。他自己的存款用尽后，因结识了梁启超，找到替《新民丛报》写文章的机会，每月得六十余元，足够他和弟弟张公权两人读书之用。一年后，《新民丛报》停刊，其经济来源又成问题，竭力求助于亲友，也只能凑够每月伙食费用。节衣缩食之间，兄弟二人曾将一方毛巾裁作四块，逐一使用，可见寒窗中的艰辛。

长达五六年的日本求学过程中，教学时多语并用。课堂讲义是日文，很多参考书是英文，而教师则经常讲起德国学者及其著述。张君劢得益很大，他用英文完成了论文，还读了三年德文，并产生了到德国留学的想法。

1910年，张君劢从早稻田大学毕业，得政治学学士学位。他"回国应学部试，……竟列优等。翌年殿试，得授翰林院庶吉士，则所谓洋翰林也"。

"洋翰林"得名的时间，是辛亥革命前夜。革命爆发时，张君劢回到家乡宝山，任县议会议长，像是书生要去从政。民国元年，梁启超回国演讲，都是张君劢做笔记，像是要回归书生。尤其是他在《少年中国》发表的讨袁檄文，可让所有读者得见其胸中风云。

三

1913 年，张君劢接受梁启超的建议，也顺从自己的心愿，于当年 3 月入读柏林大学，仍修政治学。在柏林大学读书，只要有早稻田大学的学士资格，"按章听讲一年，即可提出论文应博士考"。

张君劢见到了早稻田大学时期课堂上常被提及的德国名教授，如讲财政学的 Wagner，讲经济学的 Schmoller，讲国际法的 List 等，还有民法、刑法等课程，都为张君劢所渴求。更兼"德国大学有一种风气，名叫大学自由，就是选科听讲，完全凭自己意思"。无奈张君劢本科之前的学业是在中国和日本完成，一旦进入德国大学，充分自由了，反倒有些茫然。他曾在《宇宙旬刊》三卷十一期发表文章说："当时我自己在学问上正是求知识的时候，哪能知道何者先读，何者后读，何课与何课有关，何课与何课无关，自己茫无头绪。学校有此自由给学生，而我自己不知道如何运用，这是最苦的一件事。"

另一苦事，是语言不通。本来他觉得曾在日本读过三年德文，多少总能管点用，未料到德国时，一句会话都听不懂，仅有一点阅读能力，"拼命用功，才可勉强听课"。

1914 年，第一次世界大战爆发，张君劢对战事发生兴趣，"每于壁上一纸地图，按战线之出入为标记，以探讨其胜负之数"。天赋加睿智，居然"断定德国必败"。

此话不慎漏出，被一德国妇人知道，即报巡警，导致张君劢被限制行动多时。

"一战"硝烟既起，中国留德学生"纷纷请求返国"，有十几人得归。张君劢不以为意，反觉得是近距离观察欧洲战场的难得机会。他继续留意媒体消息，判断局势，更于1915年秋"自德去法，并赴比国西战场观战"。

是年10月，张君劢抵达伦敦。他描述当时情况说："这时候北海埋了水雷，潜水艇到处出没，很是危险。但我为了好奇心驱使，也不管那么多了。"

四

张君劢穿梭于英国、法国、德国，对"一战"的战事观察和战场考察，从战争时期延伸到战争结束之后。

1919年，欧洲休战，他参加"法国导观战地旅行团"，乘火车，坐汽车，不通车的地方干脆走路。张君劢一路看满目战争创痍，与华工交谈，深感"现代战事之繁重，非平日筹划周详，则一旦开战，将陷国家于紊乱"。

后来，国内抗战兵兴，张君劢即着手翻译德国著名将领的《全民族战争论》，表示希望国人借此看到现代战争的全部。"庶几开战之后，支持日久，可以一雪耻辱而确保吾族之生命焉。"该书于1938年出版时，张君劢在扉页上郑重献词曰："敬以此书奉献于绥远前线为国守土之战士。"

张君劢之译，得道多助。熊式辉作序说："本书论战争之预备，军火之补充，与夫大战中作战方略之批判，藉张先生之彤管而获……"

蒋百里作序说："这本书的根本好处，在对于未来的战争性质，有明切的了解，对于以往的失败原因，有深刻的经验。"

汤芗铭对张译该书的评价，在战争之外另有推崇："君劢先生翻译此书，其用意所在，岂仅以灌输军事常识为事，固希望由政治之健康以达于民主之复兴也。"

张君劢翻译军事著作，实在是为了战后复员，建设国家，且要建设民主国家。汤芗铭看得准，张君劢的军事兴趣背后，是持久的和平，是健康的政治，是国家民主之梦的实现，是中华民族的经济繁荣、文艺复兴、政治清明。

多年后，张君劢出版《明日之中国文化》《立国之道》等著述，从书名即可见其心志，内容更有夫子自道——"我在战时，常以不能效命疆场为恨，一腔热血，环绕此五千余年古国之旁，读此书者，当能见之。""与其浪费时日于胡思乱想，何如将胸中积蓄者分章写出！"

五

清末民初之际，国内外知识界普遍有一种风气，即求知是为经世致用，治学是为改良政治。张君劢回忆说，他先后在中国、日本、德国读书，"都逃不出这种风气"。"求学问不是以学问为终身之业，乃是所以达救国之目的。"

张君劢曾先后两次留学德国，因强烈关注家国命运，又两次归国。第一次是1922年1月，他带着"发见了一个新生命"的激情，要做修齐治平的政治家。第二次是1931年9月17日，"九一八"事变前夜，似是他一生系于国运的象征。

第一次归国，"一战"刚刚结束，欧洲社会不振，经济萧条，精神萎靡。曾有法国学者对张君劢说："西方文化已经破产，正等待中国文化来救我们，你何必跑到欧洲来找药方？"

国内却是另一番景象。新文化运动初起，"德先生""赛先生"被高度推崇，"孔家店"如过街老鼠。张君劢不合时宜，归国伊始，就在中华教育改进社作演讲说："欧洲文化已起危机"，"吾国今后新文化之方针，当由我自决，由我民族精神上自行提出要求"。他提醒国人"不要以为天下的事都受科学因果律的支配，尤其人生观更是如此"。这篇演讲词后来发表在《清华周刊》第272期。

丁文江本是张君劢好友，看到这篇文章，据说"勃然大怒"。在写给胡适的信中，丁文江表示"几乎把我气死……我们决计不能轻易放过他这种主张"。他在《努力周报》发表文章《玄学与科学——评张君劢的"人生观"》，上来就说："张君劢是作者的朋友，玄学却是科学的对头。玄学的鬼附在张君劢身上，我们学科学的人不能不去打他。"该文标举科学万能，激烈批评玄学，贬斥张为"无赖鬼"。

张君劢留学时师从大师级学者，曾有"哲学王"之志，当然不会示弱。他针对丁文江的观点写文章反击，以"东方文化救世"立场，辩才无碍，一石千浪。

张、丁笔战吸引了众多学者加入（胡适、梁启超、吴稚晖、张东荪、瞿秋白、陈独秀等），演变成为期一年、席卷学界、影响广泛的"科玄论战"或"人生观论战"。

六

"科玄论战"是张君劢一生中的重要插曲，其政治主张的思想基础由此显现。他志在为中国制订"最好的宪法"，推动中国成为民主宪政国家。

张君劢为中国制订宪法的追求和实践，自其回国之初就开始了。袁世凯之后，各地军阀以抢夺中央政权为中心，全国陷入混战局面。鉴于危局，国内知识界不少贤达主张通过变更国体、实行联省自治以挽救时局。曾有人问柳亚子的梦想，他表示："在大联邦制的国体中安静读书。"

1922 年 5 月 7 日，八团体国是会议开幕。张君劢作为宪法学家和社会活动家应邀出席。受国是会议"国宪草议委员会"委托，他草拟成《国是会议宪法草案》两份，其中甲案代表他本人意见。该草案中，张君劢主张在中国实行结合单一制和联邦制的政治体制，但以清晰划分中央和地方的权力范围为前提，整个立宪框架都以维护人民的自由权利为旨归。

到 1923 年夏秋之际，为推动时局向善政演进，张君劢主张设立国民委员会，作为"国家最高政治权力机关"，为此致信张謇，论说孙中山、吴佩孚、曹锟、汪精卫、蔡元培等特点，分析关系，设想合理结构，"望先生毅然起而持此议以为天下倡。或者一言解纷，全国实利赖之"。

是年 9 月，张君劢在北京西山灵光寺与知友聚会，有胡善恒、徐六几、郭梦良、瞿世英等。他们以志同道合而标举盟约，结为团体，"自谓得一新生命，负新责任。又谓家室即著作与办学盛业，均不足累，而以身许国之念自矢"。当日开始，张君劢着笔《灵光室日记》。他在日记中说："平生敬佩两人。一是张謇，改造国民衣食方法，示国人以独立自营，培养社会实力；二是梁启超，改造国民脑筋，俾使新国民建设新社会。"

同月月底，张君劢为创建"自治学院"抵沪，与张东荪、瞿菊农、陈伯庄等日日讨论院务。袁观澜、沈信卿、黄炎培、张仲仁等皆作襄助。史量才出首次租金，设临时院址于爱文义路。张謇等捐助两万元，在吴淞购置正式院址。张君劢任院长，并以曾文正自勉。两年后，该学院改为"国立政治大学"。1927年被国民党下令关闭。

<h2 style="text-align:center">七</h2>

张君劢第二次由德归国，正值家国危亡之秋。民族危机催迫他立志组党，导致国民党当局忌恨，教职被解聘。他知难而进，于1931年10月成立"再生社"，表中华民主再生之意，同时创办《再生》杂志；又于1932年4月召开再生社全国代表大会，正式成立国家社会党于北平。张君劢总理党务，希望以政党力量推进民主进程。

1937年，日本发动全面侵华战争，中国各派政治力量需要空前团结。出于抗日大计，有左舜生超越党争歧见，向蒋介石建议，国民政府成立战时民意机构——国民参政会，并拟出首批参政员建议名单，得以促成。

1939年9月，国民参政会第一届第四次会议召开。会议要求结束党治、实施宪政。张君劢的制宪才具开始在最高议事层面得以施展，他因此更加注意保持独立立场。

张君劢的重要助手蒋匀田在《中国近代史转折点》一书中回忆：

> ……国家社会党成立之初，我在北京辅佐君劢先生办党，我住在东安胡同，每日上午都到君劢先生家

里报告或商谈。有天上午十时，我进入寻常请教君劢先生的书房，有位客人在座，君劢先生介绍说是杨畅卿……他对君劢先生异常的尊敬，口口声声称呼张老师。他再三的说是蒋主席诚恳的盼望老师能到南京，共同制宪，为国家奠定良好的宪政基础。他说蒋主席阅过君劢先生所著的《国宪议》一书，甚为钦佩。又因蒋主席知他与君劢先生有师生的关系，所以特派他来登门叩请，甚望君劢先生应允。可是君劢先生则再三婉拒，他表示怅然告辞。我随君劢先生送杨至门前握别时，他还说盼老师再予考虑后函示。回书房后，君劢先生笑说：畅卿还是那一套戏法。他建议反对国民党专政，最好是进入国民党圈内，不要站在墙外高叫，所以他劝我到南京去参与制宪工作。……二十年前谢绝一党邀请之使命，竟于二十年后，经国、共两党之邀请，而负起执笔拟宪之任务，使我回忆前因后果，不得不记出此段插曲，以兴读者之雅趣。或可以充逸史之资料……

八

蒋匀田所说"负起执笔拟宪之任务"，时在1946年，当时的国家政治中心在重庆。中国近代政治史上影响深远的第一次协商民主实践，就在这年年初成为现实。

张君劢说:"谈到中国宪法,是……在重庆政治协商会议时提出的。当时政府及共产党都无一定的成竹,青年党偶有一二方针,但也无全盘的计划。我本人那时还在欧洲。正月十日开会,我九日得到电报,等到回来已误了一个星期。"

误了准时与会,未误担纲起草宪法草案。当年国民党一家邀请,张君劢没有从北京去南京。多年后,各党派会聚重庆,以平等地位协商中国政治,他从遥远的欧洲赶回中国,参与宪法起草。

张君劢到会时,"五个题目——政府改组,军队改编,施政纲领,国大召集,宪草审议——都已签了字,但宪草则有待于审议"。他的最大作为,就在这一环节。他在《中国新宪法起草经过》一文中说:

> 起草宪法应该有一个"视界",然后才可以看出其脉络全部应当如何。但当时没有人有全盘的"视界"。……我在当时看出三个要点:(一)欧美民主政治与三民五权原则之折衷,(二)国民党与共产党利害之协调,(三)其他各党主张之顾到。我拿住三点为全稿之轴心。……当时有份十个委员会起草之议,我则认为不可能。因为宪草有如一幅画,不能分开来作。……有一天我告诉孙哲生先生,我已草了一部宪草,大家要也好,不要也无所谓。(4月11日晚草成,

4月12日提）谁想就被接受了。由雷秘书长印出来，作为讨论的基础。

此后，这份宪草命运一波三折。

张君劢面对的局面是，"政府要三民主义，我们要欧美民主政治，青年党要责任内阁，共产党主张司法制度各省独立，国际贸易地方化"。他说自己"每天晚上将宪草内容向共产党解释……白天里正式开会，要与国民党争辩。……会议最后一天，全部决议草稿已完备，不幸秦邦宪飞延安机毁坠死……又成一种废纸"。

无奈中，张君劢"玩古董似的，把宪草翻成英文，寄给马歇尔看"。"九十月，政府里人说蒋先生要采用这部宪法，因为已决定召开国民大会，于是这部扔在字纸篓里的宪草又复活了。"

九

对张君劢这位"中华民国宪法之父"，国共两党领袖人物都曾尊重有加。

政协会议开幕之前，重庆谈判期间，毛泽东与蒋匀田有过面谈，毛泽东表示："此次来访重庆，最大的憾事，就是未能见到张君劢先生。我少年时候，即拜读张先生的大作甚多，所以已经久仰了。张先生多年来不计艰险，为民主政治奋斗的精神，亦至令人敬佩。"

1946 年 11 月 20 日，张君劢致信蒋介石：

　　自今岁一月参加政协以来，所系系不忘者，厥为和平统一，将国内各党融合于国大之中，制定全国共守之宪法……孰料事与愿违，国共之始合于政协者，终以国大召开日期未获协议而暌离。君劢曾力主延开十五日以宽商谈之限，亦未能得各方之共谅。至今希求和平之人心惴惴，群疑国共之和谈无日，停战令虽下，人民仍恐难逃战祸之苦。国大虽能召开，而所制定之宪法，恐将难邀共守，政协代表亦将剖而为二。此种疑窦，如果演成现实，则国家将万劫不复。然君劢窃以为局势虽危，尚不无挽回之望，厥在钧座善为运筹，而尽在我者：一、如何彻底执行停战命令，以防战事之扩大，而示诚心争取和平之至意。二、如何彻底实现政协决议之精神，以昭示实行民主之决心于国人。

张君劢致信蒋介石次日，蒋复信说：

　　接读十一月二十日大函，承示数事，悉为政府今日之所蕲求，具见先生谋国之忠，不胜感佩。……来信所言结束党治诸事，本党早有决议，并已逐步实施，自当于宪法颁布后，准如来函所云，早日完成。……先生平素主张早日实施宪政，此次召开国民大会，即在制定宪法，俾本党结束党治，还政于民，正亦先生之所蕲求。故此国民大会，甚盼贵党人出席，共同参加制宪工作，俾宪政早日实施，则先生所有之政治主张，一切皆可迎刃而解。

张君劢致蒋介石信末署名为"中国民主社会党组织委员会主席张君劢"，蒋介石复信署名为"中国国民党总裁蒋中正"，寓有党际平等之意。

是年年底，张君劢为六十岁寿辰设宴于西南实业协会。"时全国各党派领袖及社会贤达之在渝者，济济一堂，握手言欢，促膝恳谈，一番和睦融乐气象，可谓空前。"蒋介石赠题词曰"寿人寿世"，周恩来赠题词曰"民主之寿"。

十

关于"彻底实现政协决议"的要点，张君劢曾在与梁漱溟、黄炎培、左舜生一起动议创建中国民主政团同盟的时候写进"十大纲领"，曾在重大国是关头写进民盟的一篇篇文告、声明和自己的文章中。后来，他又写进致蒋介石的私信，作为谏言，足见其民主信念和主张之一以贯之。正如其信中所言："君劢对于宪章，既已随政协之后，参加于事先，自愿完成审议工作。倘对宪草能一本政协之决议，而同时政府能迎之于机先，早日自动表示结束党治，……还政于民……全国人心之向背，亦视宪法执行成效如何而定矣。"

由张君劢起草的民国宪法草案，在赢得政协会议中各方认同的同时，也产生了良好的国际影响。抗战结束后，作为世界五强之一的中国，有立宪之议、行宪之备，当然会受到国际舆论关注。张君劢的助手蒋匀田曾回忆说：

> 最值一叙者，即国际之反应也好。美国华盛顿州立华盛顿大学即函聘执笔人张君劢先生至该校讲学，以讲其所草拟之宪法为主题。后该校负责人曾再三恳聘君劢先生为教授，君劢先生心萦于国事，不愿久居国外，坚不接受，即行返沪。该校乃派一秘书来沪，住君劢先生家中，笔录君劢先生在该校未完之讲词，达半年之久。一九四八年秋，我到西雅图之次日，即往参观华大。欣喜在图书馆前门玻璃柜中摆有中华民国宪法一册。

张君劢在其起草的宪法文本中，贯彻了"修正的民主政治之精神"。其"修正"的主要内涵是，既要修正西方传统的议会民主政治模式，也应修正西方传统的自由经济模式。取其精华，去其弊端，结合中国社会实际情况，修以正之，使社会治理成为善政的利器。这是张君劢学术思想的一个基础性观点。凡真正懂得并尊重国情者，都会有同情的理解。

十一

张君劢被不同政治主张的人所认同，是因为他的专业修养和立国主张被不同方面所需要。他的立宪行宪方案提出后，"在野方面莫不欣然色喜，一致赞成"。共产党方面的周恩来表示"佩服"，即便国民党方面，孙科也表示支持。

当时可作参考的宪法蓝本，主要有三种：孙中山五权宪法、英美宪法、苏联宪法。国民党主张采取五权宪法，民盟、青年党和无党派人士倾向于英美宪法，共产党也希望以英美宪法模式打破国民党对政权的垄断。张君劢的方案，是"以五权宪法之名行英美宪法之实"，各方面都觉得可以借助该方案做自己的文章。

张君劢起草的宪法草案，分十四章、一百四十九条。据说，在宪草审议委员会和政协综合小组审议宪草文本的争议中，最激烈是行政院对立法院负责的问题。国民党代表吴铁城表示，行政院应向总统负责，不应向立法院负责。民盟和共产党的代表立即发表意见，反对吴铁城的主张。张君劢依据政协宪草修改原则，对吴铁城的观点进行了具体反驳。他说："将来用人权归总统，而行政院非对议会负责任不可。"

为促进国家行宪，张君劢在上层机构内起草文本、说明理由、反驳谬见，也在社会基层民众间作解说和普及工作。1946年7月，他在上海八仙桥青年会演讲说，国家的职能决定它必须行宪。一个国家，必须保证人民的安全，必须保障人民的自由，必须造成一种法律秩序，使人民的安全和自由得到切实保障，如此就不能缺了宪法。有了宪法条文，还要有国民持续的注意，养成自觉遵守宪法的习惯，才有行宪的基础。

演讲中，张君劢特别强调"人权为行宪基础"。要保障人权，必须确立三条认识：一、拿人民当人，不能拿人民当奴隶。二、限制政府权力，抬高人民地位。为国家百年大计想，合算。三、万不可拿一部分人民作为一党之工具，去蹂躏其他人民的权利。政府如果这样做，只能使国家陷入混乱，绝不会长治久安。

十二

在双方都没有彻底关上和谈大门那段时间，政协会议上，制宪过程中，国共两党都对张君劢抱有期待。而一旦内战不可避免，双方已成你死我活之势，张君劢又抱定和平解决争端的立场不变，则注定不再被力战者所期待，乃至唾弃。

1948 年 12 月 25 日，中共方面由新华社公布"头等战犯名单"，共计四十三人，蒋介石居首，张君劢居末。两天后，张君劢于 27 日发表《中国政治上之出路》一文于《再生》周刊，呼吁国共双方中止"武力政策"，以和平方式解决争端。

1949 年元月，蒋介石宣布"引退"，由副总统李宗仁代行总统职责。5 月间，何应钦辞去行政院长职务，李宗仁请张君劢出缺。张君劢说，他做梦也没有想到当行政院长，坚辞不就。此前他曾在几天里三见蒋介石，并提交"和平谈判纲领"，还发动南京、上海各界名流组成的人民和平代表团，两赴北平，推动和谈。

事与愿违，和平终归无望。共产党军队摧枯拉朽，国民党军队一败涂地。张君劢作为见证人，写下一段话——国民党于行宪"貌似神非，尽使府院职权不清，选举欺骗民众，一切维持国家纲纪之司法、军法、监察、审计机构无由守正不阿……自然军事政事日益腐化，经共产党一击而丑状毕露，致成今日惨败之局"。

据说，1949 年初，张君劢受蒋介石邀出席宴请，在现场见到孙科、张群、王世杰、张治中、邵力子等国民党要员。蒋匀田记录现场说，蒋介石当时"肩拥君劢先生说：'现在我们都是中共所宣布的战犯了。贵党前函劝我下野的主张，是否可以改变呢？'君劢先生答曰：'那是两回事，互不相干。……我之所以劝你下野，不是说你恋位，也不是以此为谈和平的条件；而是现在大多数文武官员，贪婪成习，改革甚难。他们皆是你一手栽培，你因眷恋多年旧属，亦不便清除。换个新手领导，或可较易整肃，以振颓风。'"

十三

国民党"换个新手领导"，"颓风"终究未振，张君劢对国民政府感到绝望。

随着战事日趋明朗，张君劢认为自己"再造中国"的理想已成泡影。1949 年，他告别内地，移居澳门。

同年 11 月，印度教育部邀请张君劢前往。他于当月 5 日飞抵新德里，开始在印度境内巡回讲学，先后到了新德里大学、泰戈尔国际大学等十一所高校。张君劢巡讲了四个方面的题目：儒家受佛教影响后之复活；中国现代文艺复兴；孔子哲学、孟子荀子哲学、老子哲学；中国政党之发展。这次巡回讲学，使张君劢回到了学者状态。

移居澳门前，张君劢曾表达心志：今后"将自居于迁儒，绝不自怨自艾，但为吾族立定了精神上不拔之基础，终能表彰中华民族之人格，持续二千年之教化"。

为期两年之久的印度讲学，张君劢初步体现了自己

"表彰中华民族之人格"的心志。后来，他到过美国斯坦福大学、越南西贡大学，从事研究和讲学。此时，他获得澳大利亚孟氏基金赞助，开始作环球讲学、游学。1957年，张君劢在美国出版了英文著述《新儒家思想史》第一卷。这是他晚年最重要的成果之一，或是新儒家的开山之作。

张君劢在书中采用中西哲学比较的方法，确认朱熹是"伟大思想家"，对自然万般现象深感兴趣，又深思万般现象的一原之理。对王阳明，张君劢评价更高，认为其"思想方式产生了一种以世界为合理整体的思想体系"，可与西方最伟大的思想家相提并论。张君劢独辟蹊径，把徐光启作为哲学人物，列专章介绍，说他调和中西文化，主张儒学与科学互补，若是同时代人能接受其忠告，"中国可能不至于与西方科学脱节一百五十年之久"。张君劢把曾国藩作为新儒家压轴人物，认为他是"建立中国现代基础的第一个人"，如果把其对付太平军的十五年时间用来搞建设，"很可能将维新导入中国，像日本的明治维新一样"。

十四

历史无从假设。徐光启等人被中国哲学史长期遗漏，曾国藩没有余裕工夫从事建设，再往后，清末民初时期的康有为、梁启超、谭嗣同、胡适、陈独秀等人，虽然无不是欲力图振兴国家的英才，但在《新儒家思想史》中，张君劢把他们一概看作破坏中国传统文化之辈。不同者，康、梁和谭嗣同的破坏，是不自觉的，胡适和陈独秀的破坏，是自觉的。经所谓新文化运动摧枯拉朽，儒学的衰落，已是既成事实。

张君劢于1969年去世。前一年，他曾在《自由钟》杂志发表《马克思资本论经过一百年后》《历史之压力》等文章，坚守着一向的信念——要解决中国的问题，只有"建立一个立基于民主原则的新中国"。为此，需要清理文化遗产，培育现代公民。他为此而以挖掘中国传统思想资源为职志，悉心研读、思考、表达，更以传统文人"修齐治平"的标准要求自己，躬身实践儒家主张。

飘零他乡、海外余生近二十年，因无固定工作，张君劢生活只凭稿费和少量养老金，清苦之至。据说国民党当局知情，曾有多次资助，均被谢绝。1961年，台湾教育行政机构知他去德国讲学，亦知其经济拮据，遂汇达可观美金，以为雪中送炭。几天后，钱被如数退回。

郑大华写的传记《张君劢》中说："自1949底离开大陆，直到1969年去世，张君劢没有接受过国民党的一文钱。"

贫贱不能移。

主要参考文献

张君劢:《明日之中国文化》,(台)中国民主社会党中央总部自印本, 1977。

张君劢:《辩证唯物主义驳论》,(台)中国民主社会党中央总部自印本, 1977。

张君劢:《立国之道》,(台)中国民主社会党中央总部自印本, 1977。

中国民主社会党中央总部编《张君劢先生年谱初稿》,(台)中国民主社会党中央总部自印本, 1977。

张君劢:《中华民国民主宪法十讲》,商务印书馆, 2014。

柳亚子："顾盼不群，尤足令小儒咋舌"

　　1943 年，柳亚子五十七岁，开笔写《五十七年》，第四章是"从戊戌到癸卯"。

　　柳亚子一生行述，戊戌年影响至大。用他的话说，"变法倘然成功，也用不着流血了，变法不成功……革命便随之而起"。

　　戊戌年，柳亚子十二岁。他从小接受父亲学问熏陶，母亲严厉管教，粗具学养，当时已可作旧体诗，也能"写洋洋万余言的史论文字"。孺子可教，才情卓然，少年有大气象。若处承平年代，或成学问大家，一代宗师。只因社会鼎革，变动剧烈，造化弄人，柳亚子又天生属于潮头人物，每逢历史关节，必随潮流起伏，不辞动荡。他所经历的这段历史，正好提供了舞台。到他去世之年，社会也没能长久安静下来，他自然随之漂泊、奋争。他一生桀骜不驯，言动强悍，大闹一场，然后往生。

一

戊戌当年，柳家从胜溪迁到黎里，即现在的黎里古镇中心街柳亚子故居。

院落大门面对一条河。河面不宽，水中波涛却有大河之感，像柳亚子风范的展示。门楼半轩处，挂有"柳亚子纪念馆"匾额，屈武手书。厅内门楣上，有"柳亚子先生故居"横匾，廖承志亲笔。

这所具有清初古建典型形制的古宅，原是清乾隆年间一位工部尚书的私邸，宅名"赐福堂"。前后纵深六进，门面横阔八间。厅堂楼室别具一格，庭院功能结构完整，确为望族风范。走马堂楼幽静，砖雕门楣精致，传递着江南水乡建筑的典雅特色。

当年茶厅，现为过厅。屏门两侧有立柱，挂着周恩来题写的对联：铁肩担道义，辣手著文章。东西两面墙上，是柳亚子与毛泽东唱和的诗词手体，潇洒满壁。

据说，四五两进的起居楼、藏书楼陈设，基本是当年原貌。柳亚子夫妇卧室中，多为原物。其左分别为长子无忌、长女无非、次女无垢及柳母费漱芳的卧室，余为客房。

楼上最吸引人者，当为"复壁"。进到这个故居参观的人，可能会错过柳氏生平展，错过书斋文物、南社文献、诸般藏品，独不会错过参观复壁。

柳无非有文回忆："楼上最西边那间房通后面第五进，板壁是深褐色，其中一处有短门可开启，里面为一个狭小黑暗可以藏身的地方，亦即所谓复壁。"

1927年5月8日夜半，国民党借"清党"名目，派兵抓捕柳亚子。其妻郑佩宜机警，听叩门声异常，嘱丈夫藏于复壁，并于壁外做妥伪装。士兵冲进卧室时，柳亚子在复壁中口占绝命词，闭目待捕。士兵左右搜不见人，抓了一个被吓得说不出话的客人，作为"哑子"带走。以"哑子"充"亚子"，当可交差。

柳氏脱险后，一边设法营救"哑子"，一边借了乡下人的衣服，打扮成渔民模样，从后门坐上小船，经几天水路，一直摇到上海，逃过一劫，留下"复壁脱险"的佳话。

二

柳亚子说："搬到黎里镇上以来，我的天才，还是从这一方面进展着。"

他说的"这一方面"，指历史和史论。在庭训启蒙中，柳亚子自幼喜读历史，《通鉴纲目》《御批通鉴辑览》都熟读成诵。读过《紫阳纲目》，他发愿将来做一部《河东纲目》，和朱子比比高低。

柳亚子天性豪放，绝非困守书斋之人。早年家境丰裕，锦衣玉食，他却觉得自己"是个金装玉裹的囚徒"。有此感受，说明他渴望自由。由此可信，世事、时势对他的影响，会远远大于书本。

1902 年，柳亚子考中秀才。科举功名在身，古书旧学却难安其心。《新民丛报》大有魅力，他常置枕边，诵读既久，开始崇拜梁启超，倾向维新，接受激进思想，主张打破一切旧东西，砸烂这个旧世界。同年，他还读了卢梭的《民权论》。因服膺"天赋人权"学说，他以卢梭为偶像，乃至更名，把原名"慰高"改作"人权"，原字"安如"改作"亚卢"。他要做"亚洲之卢梭"。

此后，柳亚子大量鼓动革命、宣传民主的文字，都署"亚卢"之名发表。后来其言其行，风骨铮铮，诗章恣肆，确有几分卢梭式狂飙突进的风采。

三

柳亚子更名之事，一而再，再而三。他读词人辛弃疾之作，至为崇拜，即改名"弃疾""稼轩"。其子柳无忌主编《南社人物传》一书，该书目录页排名中，柳氏大名为柳弃疾，"亚子"二字则置于括号中，可见"弃疾"之名在其晚辈心中的重视程度。

而立之年前后，柳亚子接触到马列主义，自称"醉心于马克思之学说，布尔萨维克之主义"，自称"李宁私淑弟子"（"李宁"系当时对列宁名字的译法）。这个署名曾导致他"被人以过激党告密"，带来麻烦。此时，柳亚子已是革命志士，他以同盟会会员资格加入了国民党。

因醉心马列，柳亚子对陈独秀十分敬佩，对陈独秀著述的启蒙价值非常看重。他在《致徐梦鸥》中说："《新青年》杂志中陈独秀君巨著宜写万本读万遍也。"

1926年4月13日，毛泽东列席国民党第二届中央常务委员会第二十次会议，他提出在上海开办党报议案，拟请张静江为经理，柳亚子为编辑部主笔，沈雁冰为副主笔。该议案在会上得到通过。这或是毛泽东、柳亚子历史交集的开始。其时毛、柳二人还没有见过面。

一个月后，柳氏赴广州出席国民党第二届中央执行委员会第二次全体会议。其间，他和毛泽东初次见面，结下"饮茶粤海"之谊。此事《毛泽东年谱》和柳亚子年谱都不见记载，而被柳亚子之子记录下来，史料见《柳无忌年谱》。另，柳亚子回忆录中可见日期比较模糊的表述。父子记法不一，可作相互印证。

四

"饮茶粤海未能忘"，系毛泽东于1949年4月19日手书《七律·和柳亚子先生》的起句。写此诗时，距毛、柳初晤已隔二十多年。

二十余年间，中国人民"跨过战争的艰险"，"抵达胜利的坦途"。毛泽东历遍其间诸多惊天变故，不忘与柳亚子的交往，缘故可能很复杂，包含着当时和后来许多事件的辐辏。其中，毛、柳二人初晤于广州前后的"整理党务案"，应是非常关键的一笔，有奠基作用。

该案发生于国民党二届二中全会。柳亚子时任国民党中央监察委员，江苏省党部执行委员会常委，毛泽东时任国民党中央候补执行委员，代理国民党中央宣传部长。他们都出席了这次会议，都是现场见证人。

蒋介石在会上提出"整理党务案"，主要内容有：加入国民党的共产党员名单全部交国民党中央保存；共产党员在国民党中央、省、特别市党部执行委员的人数不得超过该党部执行委员的三分之一；共产党员不得担任国民党中央的部长等。柳亚子在会上对该案表示强烈反对，或给毛泽东留下深刻印象。

邓颖超认识柳亚子早于毛泽东。她曾回忆过这段往事：

> 1926年5月召开的国民党二届二中全会，这个会议完全被蒋介石所控制，右派得势，5月15日通过整理党务案的决议，这个决议是反对共产党，反对孙中山先生的新三民主义，成为国共分裂的一步。当会上

举手表决时，何香凝和柳亚子未举手，有勇气进行反对这一决议案。对这件事，毛泽东同志后来常常提起他们两位坚决的革命性，是真正忠于孙中山先生的国民党左派、硬骨头。

五

据《南社人物传》和《柳无忌年谱》有关记载，柳亚子除了在会上公开表示反对排挤共产党的这个议案，还曾当面责问蒋介石："到底是总理的信徒，还是总理的叛徒？如果是总理的信徒，就应当切实执行三大政策！"

"整理党务案"在会上得到了通过。柳亚子、何香凝、彭泽民等反对无效，柳亚子见蒋介石决意违背孙中山遗愿，排斥共产党，愤然于中途罢会，拂袖而去，并向恽代英提议，谋刺蒋介石。此议虽未得赞同，其慷慨淋漓之风已留青史。

《柳无忌年谱》说："此为柳、蒋以后二十余年来斗争之始。"

柳亚子萌生刺蒋之念，与其性格、见识、主张及早年经历大有关系。他曾在《敷衍社会和反抗社会》一文中表示，比起温和的、渐进的朋友，"我是暴烈的，急进的。……他主张敷衍社会，我主张反抗社会"。

讲到其中的道理，柳亚子在同一文中说："社会是盲目的，惰性的，越是高尚的理想，社会越不肯欢迎，越是恶劣的习惯，社会越不肯革除……阴霾的天气，非雷霆霹雳，不足以振聋发聩；沉重的疾病，非芒硝大黄，不足以回生起死。这种死血的社会，你要把和平手段来劝导他，一千年也不得成功……只有大吹大擂，拼命的开炮……再加以猛烈的刺激，坚强的讨伐。"

六

改造中国社会，非暴烈手段不能奏效。柳亚子这一主张，是当年诸多仁人志士的共识。他们认为，革命只有两途：暴动与暗杀，并为此学习暗杀本领。据《陈独秀年谱》记载，1904年秋，陈独秀"得章士钊函请，到上海，由杨笃生监盟，参加'军国民教育会暗杀团'，天天从杨等试验炸药，并与蔡元培相识。此时蔡也是'暗杀团'的成员"。

吴玉章《辛亥革命》一书，专章写"暗杀活动的风行"，说1905年俄国革命失败后，一些中国革命者从他们那里学到"从事恐怖活动特别是制造炸弹的技术"。他举例提到的人物有孙中山、史坚、方君瑛、黄复生、喻云纪、黎仲实、曾醒、孙武、汪精卫等，当然也包括他自己，皆有暗杀主张与操练。同盟会甚至特设专司暗杀的机构。

《南社人物传》记载，柳亚子为准备"雷霆霹雳"手段，曾于1906年初赴上海，"入理化速成科，习实用化学，想学会制造炸弹以实现暗杀"。虽未学成，从其后来所作"我亦愿为家国死，草间偷活愧前徽""宵来忽作亡秦梦，北伐声中起誓师"等诗句中，不难察知其赴汤蹈火的壮士情怀。

看到蒋介石一意孤行，柳亚子想到谋刺手段。不仅如此，他由广州回到上海后，即向时任中共中央总书记的陈独秀提出，要求加入中国共产党，进一步表达其强烈的革命愿望。

陈独秀以柳氏在国民党内作用更大为由，未予同意，也不同意他的反蒋极端手段。

"知我者谓我心忧，不知我者谓我何求？"柳亚子先是与蒋介石闹翻，又被陈独秀拒于中共门外，不由情绪低落，郁闷满腹。他回到故里，在黎里古镇家中埋头书斋，闭门不出。

七

情绪大起大落，多次出现于柳亚子跌宕起伏的一生。

1909年，柳亚子和陈去病、高天梅发起成立南社，"以文学鼓吹民族革命，思振唐音，而尤重布衣之诗"。柳亚子是该社主持者和代表人物之一，曾有诗纪之，"以为三百年无此盛事"，何等快意。

1913年，南社著名成员宋教仁遇刺殉国，举国震惊，柳亚子作诗恸悼。1915年，又有南社社友姚勇忱、仇冥鸿被杀。柳亚子除作诗哭之，又于中秋节连续三天三夜赋诗饮酒，"意在效信陵君祈死耳"。他喝醉了便在堆满瓦砾的空场上乱跳乱滚，作践自己的身骨，结果致腿部筋骨暗伤，不能动弹。这是柳亚子《自撰年谱》中的记录。

此前，1912年元旦，孙中山在南京就任临时大总统，柳亚子任总统府秘书，主持骈体文文件。可是，未满三日，他就因过不惯官场生活而托病辞职，去了《天铎报》《民声报》《太平洋报》三家报社，当主笔。

柳亚子回忆说，当时他撰写大量文章，"反对南北议和，排击北洋军阀，风头最健。后来，南京政府取消，孙中山先生退位，我觉得憋不住这一口鸟气，索性'沉饮韬精'，和苏曼殊、叶楚伧在窑子里过日子"。

前述柳亚子藏身复壁、得以逃脱后，他化名唐隐芝，携家眷流亡日本。他和日本画家桥木、兰雪等赋诗填词，往来酬唱，数量渐多，乃成《乘桴集》一卷。此后，柳亚子移居东京郊外一所公园旁小楼内，和夫人佩宜、女儿无非、无垢同住，颇有天伦之乐可享。柳亚子称此宅为"乐天庐"。

"九一八"事变后，东北沦陷，国难当头，柳亚子投身救亡运动。他全力协助也是南社成员的何香凝，组织救国书画展览，创办国难救护队，并与何香凝联名发表《国难救护队后方理事会募捐启》，向海内外募集捐款，支援东北义勇军抗日。

后来，在与蒋介石的持续冲突中，柳亚子拒绝出席国民党五届八中全会，声明"三军可以夺帅，匹夫不可夺志"，因此被开除了国民党党籍。

八

柳亚子被开除党籍事，主要原因是在皖南事变中因言获罪。

早在上海沦陷时，很多人要走。柳亚子自思："我一身是病，四海无家，走到哪儿去呢？"何香凝准备到香港避难，劝柳亚子同往。他觉得经济上没有办法，到香港是"去做外国告化子"，只有无奈留下，万念俱灰中，重作冯妇，写作度日。

柳亚子把他这个时期（三年之久）的日子称作"活埋时代"。概念来自南明大儒王船山的一副楹联："六经待我开生面，七尺从天乞活埋。"这是当年王船山发奋著书的心情。柳亚子袭古蹈今，此前动笔、一直待续的长文《我和南社的关系》写竣，又写《陈巢南敬修堂钧业序书后》《陈禅心抗倭集序》等，还完成了四卷《南明纪年史纲》和一卷《南明历日表》。

1940 年 11 月 12 日，何香凝旧人朱舜华找到柳亚子，告诉他："听说汉奸想来绑你的票，我相信你不会软化的，他们也不敢动手杀害你。绑去以后，他们一定以上宾之礼待你，三日一小宴，五日一大宴，也许你的老酒会喝得很过瘾。不过，这时候内外隔绝，他们一定不会让你和朋友见面，一方面却盗用你的名义，捏造你的文章，今天一个宣言，明天一个通电，闹得满天星斗起来。……西子蒙不洁，你又何苦来呢？为了你，为了国家民族，我还是劝你走的好。你到了大后方，总也不见得会默默无闻吧。与其著书传世，何如以政治主张来挽救国家民族重要呢？"

柳亚子觉得她讲得明白、犀利、有理。当时恰好"有一位从重庆派来上海做指挥秘密工作的党政大员"住在柳宅。二人商定，该大员承诺柳亚子到香港的路费和今后的生活费。于是，他结束"活埋时代"，初往香港。

柳亚子在《八年回忆》中说："此时正在新四军皖南事变的前夜。"

九

在柳亚子看来，皖南事变之前，"国内政治逆流，一天高涨一天"。为此，何香凝约了宋庆龄、柳亚子和彭泽民，"开了一个四头会议，发表宣言，想制止事情的变化"。柳亚子执笔起草了《撤销剿共部署，解决联共方案，发展抗日实力》，宋庆龄领衔，四人共同署名。未料这份宣言印好，由国新社发到各报馆时，事变已爆发。有人告诉柳亚子，叶挺军长与顽军谈判，已被扣留，若坚持发表宣言，他会有生命危险。

柳亚子即找到何香凝，表示为保叶军长安全，对方若保证释放，则可让步。何香凝答应让步后，柳亚子为此又到杜月笙公馆，当庭拍案怒斥其手下。事后虽被杜月笙客气送回，保证释放叶挺的承诺却始终没有履行。

此时，有人用叶楚伧的名义写信给柳亚子，要他去重庆。柳亚子即作回覆，撰写《为皖南事变发往重庆的亲笔代电》，交蒋介石在香港的代表俞鸿钧发出，激昂慷慨地表明政治立场，"表示对皖南事变的愤懑，提出善后办法，要他们'严惩祸首，厚抚遗黎，振饬官方，澄清宦海'，最后几句是'否则西山薇薇，愿学夷齐，南海波涛，誓追张陆，终不愿向小朝廷求活也'。"

柳亚子瞒着妻子，发出代电。重庆那边，叶楚伧已病重住院，代电落入小人之手。柳亚子说："国民党中央党部秘书处的职员，却有人偷偷捡起来，在后来举行的一次中央全会中提出，以为告密居功之用，于是便以'反对国策'的罪名，把我开除党籍了。"

《中国国民党史》对此事有记载：

1941年3月24日至4月2日，国民党召开了五届八中全会。……国民党中央组织部长朱家骅在会上作了《反共特种报告》，并提请开除在"皖南事变"中"因言获罪"的国民党中央监察委员柳亚子党籍。

对此事，何香凝发表谈话表示不满。吴玉章、林伯渠致电慰问。陈毅填词相赠，曰："妙用斯文，鞭笞权贵，南社风骚。历四番变革，独标文采；两番争战，抗日情高。傲骨峥嵘，彩笔雄健，总为大众着意雕。堪一笑，尽开除党籍，万古云霄。"

十

关于柳亚子和蒋介石之间的过节，柳亚子好友曹聚仁在《文坛三忆》记述道：

> 亚子先生……对蒋氏独裁作风容忍不住。到了抗战时期，志趣相去越来越远，柳先生便走向社会革命的路子去了。其时柳先生……曾投函蒋氏，有所规箴，中有"小朝廷沾沾自满"之语，蒋氏一怒，乃有开除他党籍之举。

1944年11月21日，柳亚子接到毛泽东一封信，信中说："广州别后，十八年中，你的灾难也受得够了，但是没有把你压倒，还是屹然独立的，为你并为中国人民庆贺！'云天倘许同忧国，粤海难忘共饮茶'，这是你几年前为我写的诗，我却至今做不出半句来回答你。看见照片，样子老一些，精神还好罢，没有病罢？很想有见面的机会，不知能如愿否？"

　　其时，柳亚子居重庆，毛泽东在延安。柳亚子于1944 年加入中国民主同盟，并在 1945 年被增选为中央执行委员。时近抗战胜利，民盟在国内政局中扮演的角色，可从《毛泽东年谱》中 1945 年初的有关记载推知一二：

　　1 月 21 日，周恩来为中共中央起草复王若飞电，告之 "与民盟座谈得很好，共同纲领此间正在起草"。

　　1 月 24 日，周恩来飞赴重庆前，毛泽东指示：一、争取联合政府，与民主人士合作；二、召开党派会议作为具体步骤，国民党、共产党、民盟参加……

　　2 月 12 日，毛泽东致电周恩来："民主同盟纲领卖到二百元一份，可见民意所在。"

　　2 月 18 日，周恩来提出 "出席旧金山联合国会议的中国代表团，应包括国民党、共产党、民主同盟三方面代表，国民党代表只应占代表团全人数三分之一，其余三分之二的代表，应由共产党及民主同盟派遣"。

　　毛泽东在共产党内的身份，柳亚子在民盟中的身份，使毛、柳的交谊与诗词唱和，既有文人雅趣，也有政治意义。

十一

1945年8月15日，日本电台广播天皇裕仁投降诏书，柳亚子亦喜亦忧。他说："日本投降，当然是好消息，但中国内部的问题，怎么办呢？所以，在这个时候，我的心情是非常沉重的。"他熟悉国民党人，也熟悉共产党人，预感内战不可避免。

"苏联参战太迟，日本投降太早"——这是他的观察。

"剑拔弩张的形势，愈来愈迫近，真像箭在弦上"——这是他的感觉。

"弄成中国内战恐难避免"——这是他的判断。

报上有消息，国民政府已屡次邀请毛泽东到重庆商洽国是，似乎是缓和迹象。"毛先生如何肯来呢？"——这是他心中的犹疑。

8月28日，毛泽东由延安飞抵重庆。次日上午，他和周恩来、王若飞一起，同张治中商谈谈判内容和程序，并于当天下午同蒋介石作第一次直接商谈。

8月30日上午，毛泽东约请民主人士到驻地桂园晤谈，柳亚子、沈钧儒、陈铭枢、王昆仑、黄炎培、左舜生、章伯钧、冷遹、傅斯年、王云五等到场。

《毛泽东年谱》记有此事，未记谈话内容。

《黄炎培日记》未记此事，记了当晚另一场"召谈"："到者张表方、冷御秋、王云五、沈衡山、柳亚子、陈真如、章伯钧、王昆仑、张申甫、傅孟真、王炳南、王若飞、徐冰夫妇及我。"未记召谈内容。

柳亚子《自传·年谱·日记》未记当日这两次见面，记了第三次，也间接记了谈话内容：

> （三十日）下午，毛先生亲自到来，我和他单独谈了一次话，觉得他这次是抱着大仁、大智、大勇三者的信念而来的，单凭他伟大的人格，就觉得世界上没有不能感化的人，没有不能解决的事件。经过这次谈话，便把我心中的疑团完全打破，变做非常乐观了。总之，我信任毛先生，便有信任中国内部没有存在着不能解决的问题，还不必诉之于武力了。

十二

这是毛泽东、柳亚子1926年广州初晤后的他乡重逢，而且是一日三复斯面。

如此动荡难定的时局，如此倥偬繁忙的日程，当天日程中已排定另两次见面，毛泽东要见柳亚子第三次，作单独谈话，这一特殊安排，当与柳亚子卓立不群的特殊性格有关。骨子里，他是文人，时局使其接触政治，且明显激进，极富激情，动辄慷慨作声。毛与柳作深度交往，有利于共产党人感知文人群体所思所想，包括对共产党人的看法和态度。其中友善、亲近、敬佩的因素，则望社会周知，且转为"民意所在"。

柳亚子的反应果如其然。山城独晤，一番倾谈后，他浮想联翩：

> 我和毛先生，在1926年四五月间本是见过面的……参加国民党的第二届二中全会，毛先生正在当着国民党的宣传部部长哩。如今，一眨眼已是十九年了。这十九年中，毛先生做着惊天动地的大事情，而我自己还是一介书生，故我依然，身心多病，哪得不自惭形秽呢？这夜又是失眠竟夕，却在枕上做成了送给毛先生的一首诗：

> 阔别羊城十九秋，重逢握手喜渝州。
> 弥天大勇诚能格，遍地劳民乱倘休。
> 霖雨苍生新建国，云雷青史归同舟。
> 中山卡尔双源合，一笑昆仑顶上头。

柳亚子为此诗命题《赠老友毛润之》，书赠毛泽东，并向毛索诗留念。"饮茶粤海"旧事，续上了"索句渝州"新篇。毛泽东没有即作奉和，而是以其1936年写的《沁园春·雪》书赠柳亚子，以答友情。

十三

《柳无忌年谱》中记载：

此后毛泽东在渝一个半月期间，二人时有诗信往还，数次晤谈。9月6日。毛泽东偕周恩来、王若飞等探访柳亚子于津南村寓所，以旧作《沁园春·雪》一词相赠，柳亚子撰词次韵和之，首句："廿载重逢，一阕新词，意共云飘。"原作及和词曾由重庆各报发表，引起广泛注意。

10月4日，毛泽东写信给柳亚子，家事国事，都在其中——

亚子先生吾兄道席：

诗及大示诵悉，深感勤勤恳恳诲人不倦之意。柳夫人清恙有起色否？处此严重情况，只有亲属能理解其痛苦，因而引起自己的痛苦，自非"气短"之说所可解释。时局方面，承询各项，目前均未至具体解决时期。报上云云，大都不足置信。前曾奉告二语：前途是光明的，道路是曲折的。吾辈多从曲折（即困难）二字着想，庶几反映了现实，免至失望时发生许多苦恼。而困难之克服，决不是那么容易的事情。此

048

点深望先生引为同调。有些可谈的，容后面告，此处不复一一。先生诗慨当以慷，卑视陆游陈亮，读之使人感发兴起，可惜我只能读，不能做。但是万千读者中多我一个读者，也不算辱没先生，我又引以自豪了。

敬颂

兴居安吉！

毛泽东

十月四日

10月7日，柳亚子收到毛泽东此信。一句"卑视陆游陈亮"，柳亚子倍觉其能知音。再一句"引以自豪"，尤增其一览众山小的真实感。柳亚子即作《赋赠毛主席》一首：

瑜亮同时君与我，几时煮酒论英雄？

陆游陈亮宁卑视？卡尔中山愿略同。

已见人民昌陕北，何当子弟起江东。

冠裳玉帛葵丘会，骥尾追随倘许从。

10月16日，柳氏撰成《我的诗和字》一文，写下了这样一段：

辛亥革命算是成功了，但诗界革命是失败的……

国民党的诗人，于右任最高明，但篇章太少，是名家而不是大家；中共方面，毛润之一枝笔确是开天辟地的神手，可惜他劬劳国事，早把这劳什子置诸脑后了。这样，收束旧时代，清算旧体诗，也许我是当仁不让呢！

柳亚子不仅在诗界如此自视，还曾说过"我是中国第一流政治家，毛先生也不见得比我高明多少"。何来此语，是另话。如此狂放不羁、口无遮拦，倒是柳亚子的性格特征和典型表达。他曾评价好友冯春航"眉痕英绝，顾盼不群，尤足令小儒咋舌"，这话用来描述他自己，也贴切得很。

十四

柳亚子各路好友中，有一位叫宋云彬。柳、宋初次相见，是在桂林。见面之前，柳亚子读茅盾小说《牯岭之夏》，留意到其中的"宋少爷"。居香港时，柳亚子问了茅盾，得知宋少爷的现实人物是宋云彬。

1942 年 6 月 7 日，柳亚子带着女儿柳无垢到了桂林车站。他们去文化供应社找陈此生，不料逢周日陈此生不办公。柳亚子便对工作人员说：我是柳亚子，要找宋云彬。闻其大名，对方即表欢迎，领着柳氏父女到了宋云彬住所。宋云彬和柳亚子虽是初见，却熟悉他在当地的一众故交，遂一一找来。"旧友茅盾、德芷、仲华、端苓，都在那儿……还介绍了邵荃麟、葛琴夫妇和傅彬然、杨承芳等。"

接下来，柳亚子将见到更多老朋友，同时结交一批新朋友。当时的桂林，堪称中国文化高地。柳亚子回忆录中的一份名单，可助窥斑知豹：

> 香港认识的老朋友，像梁漱溟、陈翰笙、千家驹、周鲸文、萨空了、吴涵真、沈志远、俞颂华、胡仲持、黄药眠、张今铎、凌成竹、叶浅予、戴爱莲、杨刚、郁风、孙源、张英、端木蕻良等，桂林的新朋友，像李任潮、陈劭先、白路天、范洗人、秦似、孟超、伍禾、周钢鸣、司马文森、韩北屏、瞿白音、朱琴可、尹瘦石、陈迩冬、李白凤、张煮朗、王明仪、王小涵、张锡昌、聂绀弩、李文钊、陈诵洛、王冷垒、方镇华、孙冶公、万民一、钱实甫等，也都陆续见面，热闹非凡。

六七年后，类似名单还出现在柳亚子《北行日记》中，且注明每人籍贯、年龄，蕴含着友情中的珍重。这类名单不妨看作柳亚子人际交往感染力的一个印证。细察这样的名单，对毛泽东当年特意和柳亚子单独晤谈，或可加深些理解——柳亚子的朋友圈对中共高层来说，是一份独特的统战资源。

十五

桂林一晤，柳亚子和宋云彬结下莫逆之交。

1949 年 2 月 26 日，柳亚子开始写《北行日记》，宋云彬开始写《北游日记》。柳亚子列出一份"同舟共车"名单，宋云彬收藏一幅照片，为照片作注说，"一批民主人士由香港北上北平"。照片上，柳亚子和陈叔通、马寅初、包达三端坐，宋云彬站在柳亚子身后，傅彬然、沈体兰、郑振铎、叶圣陶等和他并排站立。

民主人士北上北平，有深远的背景，如一盘大棋中的决定性全面拱卒。

1948 年 10 月 29 日，中共中央统战部致电中共驻香港负责人方方、潘汉年、钱之光，"在香港列名响应五一口号号召的各民主党派人士均可参加新政协，并请与民革、救国会、农工党及致公党分别接洽，推出代表，并设法护送他们到解放区来"。

11 月 5 日，中共中央致电香港分局及上海局，请他们邀请尚在香港、上海、长沙及国外的各民主党派及无党派民主人士李济深、马叙伦、彭泽民、陈嘉庚、叶圣陶、欧阳予倩、曾昭抡等北上，进入解放区，参加新政协筹备工作。

1949年1月20日，中共中央致电香港分局潘汉年、刘晓，请他们立即邀请在上海的中国民主同盟主席张澜及民主建国会负责人黄炎培，经香港北上到解放区参加新政协会议。

2月23日，民盟在香港的周新民、曾昭抡、黄药眠、萨空了、柳亚子、宋云彬等集会，听黄炎培报告民盟在沪负责人近况、时局变化经过及脱险来港情形。数日后，"民主人士柳亚子、叶圣陶、陈叔通、马寅初在中共香港分局的安排下，乘船离港北上赴解放区，参加新政协会议"。

此即柳亚子、宋云彬同道北行、同船北游的来历。柳亚子则称"得毛主席电召"。

十六

柳亚子及同舟共车者27人北行一路，堪称当时中国文化界一场超级流动雅聚。当事人中，记录当年一时之盛者，不在少数。

柳亚子日记中，有多幕现场。如"三月二日，星期三，晴，六十八度。上午，作诗和圣陶，下午雀战。黄昏开晚会，陈叔老讲古，述民元议和秘史，英帝国主义代表朱尔典操纵甚烈，闻所未闻也。邓女士唱民歌及昆曲。郑小姐和包小姐唱西洋歌。云彬、圣陶唱昆曲。徐铸成讲豆皮笑话，有趣之至。王芸生讲宋子文故事，完全洋奴态度，荒唐不成体统"。

同一天的宋云彬日记中，有柳亚子日记未及处：

> 早起圣陶即送来七律一首，盖应余昨晚之请
> 者。……柳亚子、陈叔通、张季龙先后成和章各一首。
> 午后雀战消遣。七时晚会，陈叔通谈民初掌故，涉及
> 杨皙子（度），余作补充，并谓杨皙子晚年曾与中共有
> 联系，闻者皆惊诧。与圣陶合唱昆曲《天淡云闲》一
> 段。方瑞女士歌《刺虎》，博得掌声。散会后与彬然等
> 雀战，十二时许方散局。

时值国共斗争最后的决战时刻，政坛风云动荡。同
舟文化精英，一路向北，弦歌不绝，可知当年人心向
背。宋云彬所言"圣陶即送来七律一首"中，直写壮阔心
情："南运经时又北游，最欣同气与同舟。翻身民众开新
史，立国规模俟共谋。"柳亚子也有诗抒怀："六十三龄万
里程，前途真喜向光明。乘风破浪平生意，席卷南溟下
北溟。"

他们心中，楚河汉界那边，一片崭新天地，筹划有
我，不亦君子乎。

柳亚子和毛泽东的交谊，或使他比同舟友人有更高期
待。毛泽东交往的文人中，得享"瑜亮之喻"者，独属柳
亚子，别无他人。

十七

"南滇下北滇"途中，同道诸人由舟转车。宋云彬日记说，4月8日，"夜间有欢迎会，在田野中开，别有风味。柳亚老自请讲话，颇慷慨而得体"。

"田野""风味"，意味着"同舟共车"、齐心北上的群体切身体验到共产党人驾轻就熟的工作和动员方式，并将开始朝夕相处，共谋国事。"自请""慷慨"，是柳亚子当此新旧交替关头的心志流露。

《柳亚子诗词选》中，1948年收作品11首，1949年收作品87首，其中自《毛主席电召北行，二月八日启程有作》，到《抵北平志感》，途中即作诗29首，其兴奋程度可见一斑。

"同舟共车"者将进入新的历史阶段，参与构造新的社会形态，也将面对新的历史课题。

5月4日，《人民日报》出版"五四"纪念专刊，有宋云彬一篇短文，谈知识分子应与工农结合，他自讽"八股"。既知八股，为何要写，还登上了中共中央机关报？当天下午，他和赵超构见面，"大谈所谓知识分子的包袱"。这话可作答案。

5月5日下午，文化界二百余人，假座北京饭店，参加文管会邀请的座谈会。宋云彬当天日记感叹："欲'座谈'何可得也？周报告甚长，主要在阐明新民主主义真义及共产党政策。然对文化界人士报告，有些浅近的道理大可'一笔带过'，而彼乃反复陈说，便觉辞费矣。"会间休息时，他和叶圣陶"乘机脱身，赴三庆戏院观叶盛兰演全部周瑜"。

此事尚可脱身，有些事就不得不直面相对了。

柳亚子《抵北平志感》共有五首，最后一首是"旧游十五年前事，此日重来一惘然。奠酒碧云应告慰，人民已见太平年"。诗尾加注说："孙先生灵堂即苏联所赠铜棺未用者，仍陈列碧云寺畔，余颇思驱车一奠也。"不料所思之事竟未如愿。《柳亚子年谱》说："甫抵北平，急于欲往碧云寺中山先生灵堂一奠，以无专车前往而十分苦闷。"

柳亚子4月1日日记有言："夜，餐时与任老夫妇及寰老之夫人同席，谈得很起劲，约明日同往北京饭店赴民盟例会，可不叹出无车矣。"

十八

毛泽东电召归来的贵人竟然"出无车"，自然无法高兴。此外，"当时柳亚子对民主党派和民主人士间的某些情形，自感无能为力"。据柳亚子日记，3月25日，"上午，赴云彬处与愈之深谈"。3月26日，"上午，在云彬处与愈之长谈"。所谈内容不详。此前数月，胡愈之曾与周恩来面谈，表示"想去干新闻出版工作"，未能如愿。

这次和柳亚子深谈长谈，或说及此事。若说，则会加重柳亚子的无力感。

3月28日，柳亚子写《感事呈毛主席一首》：

> 开天辟地君真健，说项依刘我大难。
> 夺席谈经非五鹿，无车弹铗怨冯骓。
> 头颅早悔平生贱，肝胆宁忘一寸丹。
> 安得南征驰捷报，分湖便是子陵滩。

"出无车"等事中积聚的怨气，写进诗中，毛泽东自然明白。4月29日，他回赠一首《和柳亚子先生》：

> 饮茶粤海未能忘，索句渝州叶正黄。
> 三十一年还旧国，落花时节读华章。
> 牢骚太盛防肠断，风物长宜放眼量。
> 莫道昆明湖水浅，观鱼胜过富春江。

当时，柳亚子住在颐和园内。毛泽东在诗中借昆明湖，比子陵滩，善加劝慰。柳亚子29日下午在住处看到毛泽东和诗，"即次其韵"，作诗一首：

> 东道恩深敢淡忘，中原龙战血玄黄。
> 名园容我添诗料，野史凭人入短章。

汉鼍唐猫原有恨，唐尧汉武讵能量。

昆明湖水清如许，未必严光忆富江。

柳亚子也开始称道昆明湖水，且有"未必"之说，心情似有好转。

几天后，5月1日，柳亚子日记说："毛主席偕其夫人江青女士暨女公子李讷来访，先至心清处略谈，旋来益寿堂后轩，谈诗甚畅。"《柳亚子年谱》说："毛泽东偕夫人暨女公子来颐和园见访，联步过长廊，同乘画舫，游昆明湖一周而返。追记诗一首，句云：'名园真许长期借，金粉楼台胜渡江。'"毛泽东的劝慰大有作用。

十九

5月5日，"毛主席赐宴，客为余等四人，陪客者毛夫人、毛小姐、朱总司令、田秘书，谈宴极欢，三时以后以汽车送还"。这是柳亚子日记所记。《柳亚子年谱》说："余税驾北平之日，馆舍粗定，即思往香山碧云寺恭谒孙中山先生之灵堂及衣冠冢。俟迁颐和园，相距益近，相思益切。因乘毛主席枉驾之便，面陈衷曲。五月五日……毛主席命秘书田家英率卫士、摄影员若干人，以双车来迓，余偕佩妹等赴焉。"

柳亚子日记、年谱中相关记录，流露出他对毛泽东礼遇的看重，包括对有车无车、单车双车的在意。有，则悦；无，则怨。辄喜辄怒，皆在脸上，这是他的性情。

5月17日，柳亚子送客人出门，打算和夫人登游景福阁，"为哨兵所阻，余大骂拂衣而归，不复管客人的事了"。

6月5日午后，柳亚子偕夫人拜访宋云彬。其时宋云彬住处有门房，有警卫员。柳亚子进门时，门房嘱其登记。柳亚子大怒，斥之为官僚作风，不予理会，径直进入。警卫员随其入内，且有拿木壳枪的恐吓动作。柳亚子走进办公室，见桌上有墨水瓶，抄起怒掷警卫员，溅了柳夫人一身。此时，傅彬然、金灿然闻声赶到，向柳亚子道歉，并斥责警卫员。宋云彬也被人唤醒于午觉，他赶到现场时，柳亚子余怒未息。待他消气辞去，又于当晚登门道歉，此事方才平息。

宋云彬看在眼里，录于日记。"亚老自来北平后，精神亢奋，言动屡越常轨，而二三无聊之徒复围集其周遭，图有所凭借。"他希望对朋友以诤言，促使柳亚子有所反省，行为上有所自制，以免被动，乃至授人以柄，坏了大事。

二十

1949年6月27日，宋云彬写长信给柳亚子，推心置腹，竭力规劝。信中说道：

我有许多话很想跟您说。但自从搬出六国饭店以来，我们隔得太远了，见面时又常有许多客人在一起，无法畅谈，现在只好写信了。第一桩事情，我觉得您的那篇《文研会缘起》写得不大实际，而且容易引起误会，容易被人当作把柄来攻击您。例如您说"残劫之余，艰于匡复，司农仰屋，干部乏才，国脉所关，敝屣视之"。如果有人把它演绎一番，那么，"司农仰屋"不就是说人民政府的经济没有办法吗？"干部乏才"不就是说干部都是无能的，都是要不得的吗？最后两句，不是说人民政府轻视文化吗？幸而您写的是文言，又用了典故。否则流传出去，被帝国主义者的新闻记者得到了，他们会立刻翻译出来，向全世界宣传说："你们瞧，连一向同情共产党的国民党元老柳亚子先生都这样说了，难道还是我们造谣吗？"亚老请您想想，万一真的被反动派当作把柄来作反宣传，您不是要懊悔吗？……亚老有四十年革命历史，没有人不景仰。到过延安的几位朋友曾经对我说，他们在延安的时候，一谈到国民党的老前辈像亚老、廖夫人、孙夫人，没有不表示敬意的。这是事实，决非我说的阿谀的话。亚老又是一个热情洋溢的人，常常感情盖过了理智，尤其在神经兴奋的时候。现在颇有人利用亚老这一个弱点（热情洋溢本不能说是弱点，可是过分兴奋，任凭感情做事，就成为弱点了），怂恿亚老，戟刺亚老，说得不客气一点，利用亚老来抬高自己的身份，或作进身的阶梯。而亚老又往往遇事不多加考虑，对人不多加分析，纯凭一腔热情，或挺身替人家打不平（其实有些并不是不平的事），或具名替人家作保荐，于是抗议之书、绍介之函，日必数通，何亚老之不惮烦也？

宋云彬苦口婆心，除了上述陈述，还有下述预判，意在警醒：

这样发展下去，有几种不好的结果是可以预料到的：一、一些怕受批评，怕招是非的朋友，不敢跟亚老接近了（我得声明，我还不至于这样），而一些来历不够明白，心里颇怀鬼胎的人，倒多围集到亚老周围来了。他们不会对亚老有所规箴，只是阿谀顺旨，起哄头，掉花枪，非把亚老置之炉火之上不可。二、常常接到亚老的抗议书或绍介信的领袖们，觉得亚老实在太难服侍了，或者竟觉得柳老先生太多事了，于是最初每函必复，后来渐渐懒于作复了。这样，自然会引起亚老的不快，增多亚老的牢骚。三、一些素来对亚老感情不很融洽的人，更加会拿"亚老神经有毛病"或"亚老又在发神经了"等恶意中伤的话来作宣传。

我的愚见，以为像亚老那样有光荣历史的人，有崇高地位的人，在今天最好不多讲话，不多做不必要的事情，逢到有应该由亚老站出来讲话的时候才来讲话，"夫人不言，言必有中"。这样，亚老的德望和地位必然会一天天增高。否则"杀君马者路旁儿"，我虑亚老之马力将竭矣。率直陈词，不避冒渎，死罪死罪。

7月1日，柳亚子回信给宋云彬："辱荷惠笺，深感厚爱，昔称净友，于兄见之矣。"信中又告"事之委曲不尽然者"。

宋云彬为此遗憾，"亚老仍未能了解余之真意也"。作为挚友，已尽人事，既如此，结果如何，也只可听天由命了。7月8日，他再次致信柳亚子，信尾附诗，可看作这次劝勉的结束：

> 屈子感情原激越，贾生才调亦纵横。
>
> 倘逢盛世如今日，未必牢骚诉不平。

二十一

一位老革命家，在后革命时代，进入建设时期，一时感到不太适应，该是很自然的事。反映在柳亚子家书中，如 1949 年 6 月 14 日致柳无忌、高蔼鸿、柳光南："我离港时，乔木管制得特别厉害，片纸只字不许带"，"我到此后，精神非常好，就是脾气愈来愈躁。喜欢骂人，那也不去管他了"。1950 年致柳无忌、高蔼鸿："在北京饭店住了十个月，一切事情都搁起来，连想都不能想。"

一个旧知识分子，在新政权下，一时感到不太适应，也是很自然的事。宋云彬日记中，1950 年 1 月 4 日云："出版总署翻译局副局长报告翻译计划，开口就是八股一套，令人作呕。"同年 10 月 31 日云："近来文章难写，一不留意，便出乱子，此后还是'封笔'为妥。"

1950 年国庆节后，柳亚子偕夫人出京南行，途中想回家乡，未如愿。《柳亚子年谱》说："时江苏乡下治安，尚未完全恢复，以未能赴黎里故乡为憾。在致无忌家书中，自云：'因为陈毅将军不许我去也。'"

其时，柳亚子身为中央人民政府委员、政务院文教委员、华东行政委员会副主席、中央文史馆副馆长，出行到地方，当局自然会作安全考虑。途中也果然有些不安迹象。

1950 年 10 月 24 日凌晨四时，柳亚子在南京到上海的列车上写遗嘱说：

我此次自宁返沪，据华东局高署长报告，途中有人窥伺。自问衰朽，蒋匪帮不应重视；或者彼为反噬之计，图破坏民主党派合作，且将血口喷人，混淆海内外视听耳！为此声明，柳亚子不论在何时何地，有何意外，决为蒋匪帮毒手。我死以后，立刻将此嘱在报纸公开宣布为要！！！我死后裸体火葬，一切迷信浪费，绝对禁止；于公墓买一穴地，埋葬骨灰，立碑曰："诗人柳亚子之墓"足矣！（地址能在鲁迅先生附近，最佳，我生平极服膺鲁迅先生也。）如不遵照，以非我血裔论！！！

事实上，自写此遗嘱，到1958年病故，柳亚子未有"意外"。这段时间里，《柳亚子年谱》所载内容很少，值得一说的是，1950年11月，"以黎里家中旧藏明清以来之古籍图书、故乡文献于南社时期所编印之各种书刊数千册，全部捐献国家，现收藏在上海图书馆"。12月，"以北京寓所所存藏之'后明（南明）史料''南社文库''革命文库'等书籍，悉数捐赠北京图书馆"。如此，后世不致星散，心安。

毕竟是书生。遗嘱写定，即作南北捐书。革命一生，临了心事，回归斯文。

主要参考文献

毛泽东：《毛泽东诗词选》，人民文学出版社，2004。

中共中央文献研究室编《毛泽东年谱（1893—1949）》，人民出版社、中央文献出版社，1993。

中共中央文献研究室编《毛泽东书信选集》，中央文献出版社，2003。

柳亚子：《柳亚子诗词选》，人民文学出版社，1959。

柳无忌编《柳亚子年谱》，中国社会科学出版社，1983。

柳亚子文集编辑委员会主编，柳无忌、柳无非编《自传·年谱·日记》，上海人民出版社，1986。

李勇、张仲田编著《解放战争时期统一战线大事记》，中国经济出版社，1988。

叶雪芬编《柳无忌年谱》，社会科学文献出版社，1992。

吴江市文化局、柳亚子纪念馆编《人中麟凤——柳亚子》，苏州大学出版社，1994。

上海图书馆历史文献中心近代文献部编《柳亚子家书》，岳麓书社，1997。

宋云彬：《红尘冷眼》，山西人民出版社，2002。

黄炎培著，中国社会科学院近代史研究所整理《黄炎培日记》第9卷，华文出版社，2008。

茅家琦、徐梁伯、马振犊等：《中国国民党史》，江苏人民出版社，2018。

陶行知：千教万教，教人求真

1946 年 7 月 16 日，陶行知写信给育才学校师生：

诸位同志：7 月 13 日的信刚才收到，至为感谢。下关事件发生后，也接到你们的慰问信，大家，尤其是我，从这些信里，得到了无上的鼓励，使我知道我努力的方向没有错，也不是孤军奋斗。从重庆来的报告都使我兴奋。由于各位同志、同学、工友的集体合作，育才是比我在渝时办得精神好，我在此向大家致敬。

这是陶行知写出的最后一封信。
九天后，这位淳朴、卓越的教育家，因劳作过累、时局刺激过深，英年早逝。

这封信的最后一段话，可看作他的遗嘱——

> 平时要以"仁者不忧，智者不惑，勇者不惧，达者不恋"的精神培养学生和我们自己。有事则以"富贵不能淫，贫贱不能移，威武不能屈，美人不能动"相勉励。前几天，女青年会在沪江大学约我演讲《新中国之新教育》，我提出五项修养：一为博爱而学习，二为独立而学习，三为民主而学习，四为和平而学习，五为科学创造而学习。这些也希望大家共勉并指教。

一

1891年，陶行知出生在安徽歙县西乡一个贫寒教师之家。

父亲陶位朝，曾是南京汇文女校教师。1902年，他回到家乡，在村里务农种田，砍柴卖柴，耕读不辍。他为儿子起名陶文濬，陪伴到十五岁，送进县里一所新式学堂。

行知这个名字，是他自己改的。先改为"知行"，意思是知道了要行动，再改作"行知"，意思是行动中有真知。

陶行知的母亲曹翠仂是安徽绩溪人，和胡适同乡，一生勤俭。为参与儿子躬身的平民教育事业，她五十七岁开始识字、读书，让六岁小孙子当先生，启示儿子创造出独特的"小先生制"教学法。陶行知创办晓庄学校后，她带着儿媳、女儿和四个孙子，千里奔波，从北京到晓庄，一起推进乡村教育运动。

母亲病故后，陶行知以"吾母所遗剃刀"写诗，赞叹节俭美德："吾母这把刀，曾剃三代头。细数省下钱，换得两担油。"

父亲去世了，陶行知把哀思写成悼诗："我欲忙，我欲忙。忙到忘时避断肠，几回内心伤。我欲忘，我欲忘。忘入梦中哭几场，醒来倍凄凉！"

梦中之哭，情感复杂，既有失亲之痛，也有父亲沾染不良嗜好导致他失学之苦。但为他再进学校，父亲又戒掉不良嗜好，给儿子以激励。陶行知自幼好学，随父躬耕之余，读书自修，常不辞远道访问一位塾师，登门求教。路太远，很难赶上课点，他时常候立门外，等室内一节课结束后再进课堂。一次大雪，他照例在门外静候。塾师发现，当众称道陶行知有"程门立雪"之风，留下美谈。

1908年，陶行知考取杭州广济医学堂。这个学堂是教会办的，学生须入教会才能免费实习。入学未久，陶行知听说了这项规定，他不满强制和歧视，愤然退学。

又经过一年英文自修，1909年，他考入南京汇文书院文科。第二年，升入金陵大学文学系，树立起文学救国的理想，希望用文学改造国民精神。

二

一场辛亥革命，深刻影响了一代中国知识分子。陶行知受激进思想感染，回到家乡，参加屯溪阳湖余家庄起义。地方政权更替后，他担任徽州议会秘书。因这段经历，陶行知从文学救国转向政治救国。他的大学毕业论文选题为《共和精义》，宣读于毕业典礼，主张"自由、平等、共和之三大信条"，"真自由贵个人鞠躬尽瘁，以谋社会之进化"。

有一幅照片，是陶行知毕业于金陵大学时与师友的合影，定格了他的革命时光。在校时节，他担任《金陵光》中文版编辑，发表《伪君子篇》针砭时弊，于1914年撰写新年社论《民国三年之希望》，"希望民国文官，不贪财，不因循，不争门户，戮力以襄国事"，"希望民国武臣，严纪律，重人道，不矜功，不嚣张，为义战，不为暴戾"。

1914年，陶行知考取公费留学资格，赴美国伊利诺大学求知。第一学年里，他修完十二门课程，密切关注着美国教育界的两位重要人物。

一位是普林斯顿大学前任校长、时任美国总统的威尔逊。这位学者型政治家有"民主政治斗士"之称，引导着当时美国的繁荣强盛。对比家国命运，陶行知受到深度刺激。

另一位是哥伦比亚大学教授杜威。一项关于"中国近代教育领导者留学时代第一手资料"的研究证明，陶行知留学期间，"受影响最大的是杜威教授的讲义和教程"。

他看清了从贫弱到强盛的必由之路，人生追求再度转向，由政治救国演进为教育救国。这次转向，为陶行知定了终身。

1915 年夏，在威斯康星州日内瓦湖畔，举行了"中华北美基督教学生会与全美学生会议夏季大会"。此时陶行知作出断言："当我遍访所有的大学之后，我发现对我来说，只有师范学院才是最好的大学。"

他写信给哥伦比亚大学师范学院罗素院长，表示："我生活的唯一目的，不是通过军事革命，而是依靠教育来进行民主主义建设。当看到共和国突然诞生所引起的各种弊端之后，我深信如果没有真正的公共教育，真正的共和制就不能存在。"

这年暑期结束后，陶行知如愿进入哥伦比亚大学师范学院，住进该校巴德拉图书馆旁的哈特利会馆，成为杜威教授的学生。后来，杜威来华访问并作连续的著名演讲，据说就是陶行知促成，且一路跟随，和胡适等人一起分担现场翻译事务。

三

1917年秋，陶行知学成归国。故国贫弱，正是实践救国抱负的深厚土壤。在归国海轮上，他表达宏愿："我要使全中国人都受到教育。"

应南京高师之聘，陶行知就任教育学专任教员，讲授"教育学""教育行政""教育统计"等课程。1918年，他代理教务主任一职，因对学生要求严格，性情温和的陶行知居然得了"老虎教务长"的雅号。是年5月，江苏省教育厅委托南京高师代办县视学讲习会，陶行知任主任教员，他自编教学法讲义，开始其艰苦卓绝的"中国教育改造"生涯。

理想目标怎么落地？中国教育怎么改造？陶行知将用切实行动给予回答。

他熟知西方教育思想，又结合中国国情，提出了"生活即教育""社会即学校""教学做合一"等教育理论，并特别重视农村教育，认为在中国农民中普及教育至关重要。

1919年暑期，陶行知组织暑假留校学生，实地调查失学成人的教育补习情况。他带着二十余个学生，跑遍南京茶社、旅馆，访问贩夫走卒，体察他们的愿望，研究平民教育的合适方式。这次调查的结果，是南京高师开设一所平民夜校，招收工友、家属，每晚上课一小时，还在附近成贤街、四牌楼、唱经楼、鸡鸣寺等处设立平民识字班、平民读书处。

为确保补习实效，陶行知和同学们共同动手，编写平民识字课本，油印成册，发放给学员，在教学过程中看效果，发现问题，及时修正、补充，摸索出一些平民识字教育的初步经验。几年后，陶行知有计划、大规模地推行平民教育运动，这次调查和探索不妨看作是前期的尝试。

四

1921年底，陶行知与蔡元培等人发起成立中华教育改进社，陶行知任总干事。

1923年，他与晏阳初等人发起成立中华平民教育促进会总会。此后，他编写出《平民千字课》，赴各地开办平民识字读书处和平民学校，推动平民教育运动。《陶行知书信集》一书所收最早一封信，写于这一年。

他就一所大学选址提出理想依据：

一要雄壮，可以令人兴奋；二要美丽，可以令人欣赏；三要阔大，可以使人胸襟开拓，度量宽宏；四富于历史，使人常能领略数千年以来之文物，以启发他们光大国粹的心思；五便于交通，使人常接触外国思潮，以引起他们自新不已的精神。

在陶行知心中，办学和改造社会是同一件事。办学就是培养人。他不要人上人，也不要人下人，要的是身心健康的人中人，是能把社会不断向好的方面改造的人。

他提出了五个标准：农夫的身体，健壮的双手，科学的头脑，艺术的情趣，改造社会的精神。

陶行知打定主意，"为我们三万万四千万农民服务"。他的服务目标是"征集一百万位同志，提倡一百万所学校，改造一百万个乡村。……为中国乡村开创一个新生命"。

在远大理想中，陶行知做着点滴努力。这一年的另一封信里，他告诉在北京的妹妹：

> 最近一星期来，我脚迹所到的地方就是平民教育所到的地方。店里，家里，旅馆里，饭馆里，学堂、私塾里，甚至于和尚庙里，我都去劝过平民教育，并且很有效验，很有乐趣。我过几天还要到军队里，工厂里，清节堂里，监狱里，济良所里去推广平民教育。……我也很希望你约集同志在北京这样去干……

一个留洋归来的博士，快乐地穿行在底层社会，服务民众，如鱼得水。

五

从洋博士到土先生，变化虽大，命中注定。陶行知在家书中说：

> 近日买了一件棉袄，一双布棉套裤，一顶西瓜皮帽，穿在身上，戴在头顶，觉得完全是个中国人了，并且觉得很与一般人民相近得多。我本来是一个中国的平民，无奈十几年的学校生活渐渐的把我向外国的贵族的方向转移。……好在我的中国性、平民性，是很丰富的；我的同事都说我是一个"最中国的"留学生。经过一番觉悟，我就像黄河决了堤，向那中国的平民的路上奔流回来了。

奔流回来的陶行知，等不及妹妹约集同人，自己从南京跑到北京，拉上梁启超、胡适、蒋梦麟一起开办平民读书处，还让他们都当了"处长"。

给朋友的一封信中，陶行知讲述这事说："松坡平民读书处设在北海松坡图书馆第一馆内，任公先生自己训练助教。祖望平民读书处的处长是适之兄，他昨天告诉我，'已经教了三课了'。"

陶行知还把平民读书处办到了大名鼎鼎的蒋梦麟校长家里。

说起此事，蒋校长面露难色。陶行知发问："北京大学代理校长家里可以容得下不识字的人吗？"蒋校长答："错是不错。"陶行知说："既是不错就要干。……从今天起，家里的人不识字的都要读书，识字的都要教书。"

他做的事，益在民间，但需要名人示范。

蒋梦麟找来了他的世兄蒋仁裕、门房李白华。陶行知"一五一十地教了他们一回"。他们得校长朋友的耳提面命，豁然开朗，立刻去教老妈子和车夫。

见证并感受了陶行知纯粹的教育热忱，蒋梦麟对他说："你很有传教的精神。"

六

陶行知的平民教育，就这样一点一滴做起，一个一个教起，随时随地教起。

他在一封信中说到自己是怎样做起来这件事的——

我做了些小小的试验，我在江裕轮船上找了一个四川茶房戴永，教三个别的茶房；在菱湖公园找了三个识字的人教六个不识字的人；在教育厅里找了六个识字的夫役教十二个不识字的夫役，并叫了一个夫役去教我的临时车夫。这事证明：（1）随时随地随人可以办平民教育；（2）有一分力量做一分事，就有一分效果;(3)社会对于平民教育,只要我们使它谅解,是没有不万众一心去提倡的;(4)门不敲不开,最后的胜利都由奋斗得来。

就这样一个一个地做起,陶行知编写的《平民千字课》发行量超过了三百万册。

他用平民都听得懂的语言对中国教育弊端作了尖锐批评——

中国乡村教育走错了路!他教人离开乡下往城里跑,他叫人吃饭不种稻,穿衣不种棉,做房子不造林,他教人羡慕奢华,看不起务农;他教人分利不生利;他教农夫子弟变成书呆子;他教富的变穷,穷的变得格外穷;他教强的变弱,弱的变得格外弱。

陶行知为贫弱的中国找出路,找到了教育。现在,他要为弊端丛生的中国教育找出路。

1922年3月,他发表《为万国教育会议事敬告全国教育界同人》,指出政府懒政,不注意国际教育交流。"今年2月4日菲律宾开远东教育会,政府直到1月20日才开始找人代表,终因政府毫无准备,不能成行。""我们以后,若再懒惰……那世界真要以为中国没有教育了。世界以为中国没有教育犹事小,若中国真无教育可说,那就真要惭愧了。"

七

1927年，中国现代教育史上浓墨重彩的一页。

1月20日，陶行知就母亲生日写家书宣告：

> 儿从母亲寿辰立志，决定要在这一年当中，于中国教育上做一件不可磨灭的事业……把中国全国乡村教育运动一齐都要立它一个基础。儿现在全副的心力都用在乡村教育上……要叫这一年的生活，完全的献给国家，作为我父母送给国家的寿面，使国家与我父母都是一样的长生不老。

是年3月，陶行知受中华教育改进社委托，和赵叔愚一起在南京北郊的小庄创办晓庄学校（原名"南京市试验乡村师范学校"）。他把小庄改名"晓庄"，把附近的老山改名为"劳山"，表达日出而作的意思，并提出"生活即教育""社会即学校""教学做合一"等口号，要为中国现代教育开出一片新天地。

这片新天地，是陶行知和他的学生们在荒山野岭中开出来的。他带领学生，自己造校舍，修厕所，盖礼堂，建图书馆。开荒种地，浇水施肥，全凭双手和锄头。

这是创建学校的劳动，也是陶行知心中的课程。是劳动创造的课程，也是生活教育的课程。陶行知要把教育推广到生活所包括的领域，使生活提高到教育所瞄准的水平。

年底，世界教育会议定在加拿大举办。陶行知为中国代表起草的大会专题报告《中国乡村教育运动之一斑》，自12月2日起，在《时事新报》连载七天。陶行知表示：中国乡村教育办得好坏，关系着全世界五分之一的人，而现状不能适应农民的真正需要。应以乡村实际生活为乡村学校的中心，以乡村学校为乡村改造的中心。应创办乡村幼稚园，解放劳动妇女，也防止学生困在家里看守弟妹而失学。为此，要下工夫培养乡村教育师资。

八

在《创造宣言》里，陶行知写下了这样一段话——

> 教育者不是造神，不是造石像，不是造爱人。他们所要创造的是真善美的活人。……教师的成功是创造出值得自己崇拜的人，先生之最大的快乐，是创造出值得自己崇拜的学生。说得正确些，先生创造学生，学生也创造先生，学生先生合作而创造出值得彼此崇拜之活人。所以处处是创造之地，天天是创造之时，

人人是创造之人，让我们至少走两步退一步，向着创造之路迈进吧。

关于引导学生向真向善向美，流传着一个"四颗糖"的故事——

有一个男生用泥块砸同班另一个男生，被陶行知制止。他嘱咐这个学生放学后到校长室去。放学后，陶行知来到校长室，男生已在。陶行知笑着掏出一颗糖果给他说："这是奖给你的，因为你按时来到这里，而我却迟到了。"

男生感到意外，接过了糖果。陶行知又掏出第二颗糖果，放到他的手里说："这也是奖励你的，因为我不让你打人时，你立即住手了，这说明你很尊重我，应该奖励。"男生更觉意外。

这时，陶行知又掏出第三颗糖果说："我调查过了，你用泥块砸那些男生，是因为他们欺负女生。你砸他们说明你很正直善良，且有跟坏人作斗争的勇气，应该奖励！"男生感动至极，流着眼泪说："陶校长，我错了，我砸的不是坏人，而是同学。"

陶行知知道，这番引导效果不错，这个学生已无须批评。他掏出第四颗糖果说："为你正确地认识自己的错误，再奖你一块糖。我没有多的糖果了，我们的谈话也可以结束了。"

这就是陶行知潜移默化、不着痕迹的教育之道。

九

民国时期第四次全国教育调查中，有些数据让陶行知严重不安。

1916年，全国义务教育阶段在校生中的女生人数，在学生总数中的占比为4%，偏远区域的地方，如甘肃，平均百名学生中得不到一个女生，新疆的报表上则不见一个女生。陶行知说："如何使各省都有女生？使女子得到教育机会均等？是我们今后的责任。"

这句话见于《女子教育在学制上占领地位之十五年纪念》一文。陶行知回顾了中国现代女子教育历史：1907年3月8日，女子师范学堂、女子小学章程得以颁布，是"第一次女子教育在学制上占领地位，更是中国女子教育值得纪念的一天"。

那天虽值得纪念，可将近十年过去，女生数量如此可怜，更值得深思和警醒。何况这一时期的女子教育和男子教育是分开的，且"女子初小和女子师范学堂读书时间都比男子少一年；男子中学尚未占领地位，女子教育到师范学堂为止"。

陶行知说："越到高头，女生越少。如何使各级教育女子都能得到平均？如何使男女校教职人员同等待遇？并

080

要求女子教育应有专门人员、专门机构负责研究。普及女子教育，是全国人民应担负的责任，但受过教育的女子，更是当仁不能让的。"

1925年8月，中华教育改进社在太原举行第四届年会，陶行知和朱其慧、王伯秋联名提议，筹备、创办中华女子教育促进会。其时，中国女学生数量约占学生总数的5%，与教育均等目标差距极大。议案说："就近年经验言之，觉女子教育问题宜联合全国受过教育之女子作大规模之促进运动"，"拟请本社女子教育组邀集本届到会女子教育同志，发起'中华女子教育促进会'并负筹备之责，于一年内成立，俾女子教育可以充分发展"。

十

陶行知写过一个条幅："滴自己的汗，吃自己的饭。自己的事自己干。靠人靠天靠祖上，不算是好汉。"

陶行知要从这所学校开始培养他理想中的老师——在一无所有的中国农村里办学兴教的老师。他说："农不重师，则农必破产；工不重师，则工必粗陋；国民不重师，则国必不能富强；人类不重师，则世界不得太平。"

那是一个物质极为匮乏的时代。离开城市到农村，尤其困难。陶行知初到晓庄，连住的地方都没有。当年晓庄学校的小学生陈云生说："他来到晓庄没地方住，每天就住在牛的房子里面，住牛棚里面，和老牛生活在一块儿。所以老牛和陶先生的关系很好。"

"和马牛羊鸡犬豕做朋友，对稻粱黍麦稷菽下功夫"——这是陶行知在创办晓庄学校当年写给自己的一副楹联，表露出他对农事、对乡村、对农民的深情。

那一年的新年里，陶行知写下了这段文字：

> 我们充饥的油盐菜米面是从哪里来的？我们御寒的棉花丝绸是从哪里来的？我们安居的房屋所用的木石砖瓦是从哪里来的？我们今天不应该下乡拜年、下乡送礼、下乡报恩吗？

陶行知下乡拜年，一拜就是二十年，直到生命的结束。

陶行知下乡送礼，送的是让农民父老个个有识字读书能力的大礼。

陶行知下乡报恩，报的是中国知识分子对衣食父母倾心反哺的大恩。

他下乡送礼，越送越大；下乡报恩，越报越深。仅1932年这一年，陶行知就先后创办起山海工学团、晨更工学团、大场工学团、晨光图书馆和儿童科学通讯学校。同时，他还编辑了"晓庄丛书""乡村教育丛书"和《儿童科学活页指导》。

《费正清自传》中有一段文字说到陶行知——

　　1933年在上海附近的江苏省昆山县，他开办了一所学校，招来了一些中学生和小学童，让他们教一字不识的农民父母认字，这一做法很快传播到整个地区，二十五个村庄都照此行动起来，成千上万的人对此兴致勃勃。……这个人从来不曾是个共产党员，但他希望启迪民众的心智，首先教他们认字……

十一

　　陶家有幅照片，叫"陶母读书图"，记录了陶行知的母亲和儿子小桃一起读书的情景。陶行知专门为这幅照片配了诗——

　　吾母五十七，发奋读书籍，十年到如今，工学无虚日。

　　小桃方六岁，略识的和之，不曾进师范，已会为人师。

　　家庭里支持陶行知创办平民教育事业并对他产生深刻影响的，有几位女性。

　　跟随母亲、追随陶行知教育事业的，还有他的妹妹陶文渼。离开北京到达晓庄后，陶文渼抱病在五柳村的陶家茅屋里办起了农暇妇女工学处，教她们识字的同时，传播妇女解放思想，温暖并唤醒乡村女性的心灵。

陶行知的儿子陶城回忆说："乡姑们十分热爱这所农暇妇女工学处，因为这是她们真善美的家园与乐园。在我幼小的时候，每天当太阳快落山时，姑母领着村姑们高唱农民解放也是农村妇女解放动人的歌声《镰刀舞歌》，以作为一天工学的结束。"

陶行知的妻子汪纯宜身世凄凉，三岁就失去父母。她忠厚温和，沉默寡言，在陶行知的鼓励下，曾进女子学校求知。她对丈夫的支持都在默默中。

1927 年 1 月 31 日，陶行知写家书说："纯妻、渼妹鉴：马褂和背心都收到了。……背心是昨天穿起的，暖和得很。……现正积极筹备试验乡村师范，今日地可买定，正月初四行立础礼，同时举行城乡团拜，届时必定有无限乐趣。"

由于牵挂常年在外奔波的丈夫，汪纯宜严重失眠，又因误食了过量安眠药而损伤了神经，导致精神错乱，终被病魔夺命。

陶行知曾为母亲、妹妹、妻子痛哭道："母亲、文渼妹、纯宜妻，你们实在是三位最伟大的女性，实在是被我拖垮累垮的啊！"

十二

1935 年，陶行知积极投身抗日救亡运动。这年年底，北平爆发"一二·九"爱国学生运动。在这场民族总动员中，陶行知与宋庆龄、马相伯、沈钧儒、胡愈之、邹韬奋、李公朴等发起组织"上海文化界救国会"。

1936 年初，"国难教育社"成立，陶行知被推为社长，他领导该社拟订《国难教育方案》，提倡国难教育、战时教育，使平民教育和民族民主革命斗争结合在了一起。这一年，他受全国各界救国联合会派遣，担任国民外交使节，出访欧、美、亚、非二十八个国家，宣传抗日救国，介绍中国大众教育运动。他在布鲁塞尔参加世界和平大会时，当选为中国执行委员。

就在同时，国内发生了震动中外的"七君子"事件。

据《救国会》一书记载，1936 年"11 月 23 日凌晨 2 时许，上海市公安局派出八个特务小组，会同英、法两租界的捕房西探，分别到沈钧儒、章乃器、邹韬奋、李公朴、王造时、史良、沙千里、陶行知的家里捕人。除陶行知因已先期出国未遭逮捕外，沈钧儒等七人同时被捕"。

陶行知因在国外，避免了当夜与"七君子"同时被抓。

史料上记下当时沈钧儒说的一句话：倘若陶行知留在国内，一定和我们在一起，"七君子之狱"就变成"八君子之狱"了。

陶行知在途中得悉沈钧儒等"七君子"被捕的消息，感同身受，他立即联络杜威、爱因斯坦、罗素、罗曼罗兰等世界著名人士联名通电蒋介石，营救"七君子"。

后来，当局在国内外舆论强大压力下不得不释放"七君子"，陶行知动员起来的国际舆论具有不可替代的促成作用。

十三

1939 年 7 月 20 日，陶行知在重庆附近的合川县古圣寺创办育才学校，主要招收难童入学。这是中国现代教育史上第一所专为培养有特殊才能的儿童的学校。

陶行知在校内开始做培养"人才幼苗"和分组学习的教学实验，把学生分为音乐组、戏剧组、舞蹈组、文学组、绘画组、社会组、自然组、工程组、农艺组和普通组。同时，他督促晓庄研究所开始对教育本质、生活教育系统等题目开展研究工作。

陶行知为育才学校写了校歌。歌中唱道——

我们要虚心，虚心，虚心，承认我们一无所知，一无所能。我们要学习，学习，学习，达到人所不知，人所不能。我们要贡献，贡献，贡献，实现文化为公，天下为公。

陶行知励精图治，当年重庆育才学校师生心中曾有过怎样温暖的光明？从那时留下的一些照片上无一不舒心、无一不动人的笑容看，我们不难领略陶行知在那个苦难深重的年代里为国家立下的文化之功。

陶行知一位后来在联合国善后救济总署任职的外国朋友，曾实地参观过当年的重庆育才学校。他是这样评价陶行知和育才学校的——

> 他很可能在政府里成为一个显宦，在社会上成为一名要角的。但他宁可做一个陶先生——这已经很够了。……那些孩子就是陶先生的小孩子。他们自由……活泼可爱，正和陶先生一样。在他们所说所做的每一件事后面，都有一团火燃烧着。……陶先生要把所有那些小莎士比亚、小伦勃朗和小爱因斯坦保存下来。……陶先生在他学校里实现了他为全中国所争取的民主，因为他是"民主同盟"的领袖之一。

这位外国朋友所说的"民主同盟"，指的是中国民主同盟。民盟成立之前，作为救国会的主要领导人之一，陶行知曾和沈钧儒等人一起积极参与发起成立的动议。

十四

　　学校经费最困难的时候，陶行知写给妻子吴树琴的信中说："昨天公朴先生来信，为我们筹了五千元，可见千里之外，尚有人记着我们的。"

　　李公朴记着陶行知，陶行知记着学校里的每个学生，记着他们的衣食所需，记着他们的精神成长。尽管经费困难，他仍希望"每人应有一套出客之衣"。在育才驻渝见习团借了保育会的衣服该归还的时候，陶行知对这些衣服逐一做了检查。

　　他发现，"只有燕昭华所穿的可以还去。她这种美德是多么值得大家学习啊！"

　　对其余的衣服，陶行知要求"即夜重新整理，再送我处检查"。对重新整理过程中需要注意的地方，他一一嘱咐：

　　（一）补衣所用之线色须与原线一致；

　　（二）补充之纽扣大小颜色须与原扣一致；

　　（三）破处及裂缝须完全补好；

　　（四）脏处再细心洗净；

　　（五）针线须用心依规矩缝；

　　（六）虱子须自行检查，如果染着了，须肃清，以免流传。

这就是一个世界知名的大教育家，在一个战乱年代的寻常日子里，就一件寻常事情所做的寻常嘱咐。话里也是寻常道理，无非是将心比心，无非是推己及人。

当陶行知把这些寻常嘱咐一字字写在信里的时候，又是何等不寻常。

"生活即教育"，是陶行知的教育理念，也是他每天每事每时躬身实行的生活实际。他的生活，是对我们最实际也最高尚的教育。他要借助自己的生活，改进育才学生们的生活，让他们在不断改进的生活中受到潜移默化的品行与人格教育。

对孩子们，即便讲道理，陶行知也是这样讲的——

　　大家想一想，假如你们的新大衣，未穿上身，校长遇了受冻的小孩，先借给他们穿几天，把它们弄得又脏又破又黄黑和杂陈、蓝白线相接，你们作何感想？

一位目光远大的民主战士，为远大目标，做点滴努力。

十五

陶行知的民主思想，有一个漫长的形成和表达过程。

早在 1914 年的大学毕业论文《共和精义》中，他就说："人民贫，非教育莫与富之；人民愚，非教育莫与智之；党见，非教育不除；精忠，非教育不出。"

1916 年，陶行知在写给哥伦比亚大学师范学院罗素院长的信中说：

> 再经过两年多的准备之后，我将回国同其他教育者合作建立我国有效的国民公共教育制度，以便仿效美国人的足迹，也能保持和发展真正的唯一能实现正义与自由理想境界的民主。

1930 年春，晓庄师范师生为抗议英商和记洋行工人被殴，举行游行示威。时值蒋冯大战，因陶行知与冯玉祥有私交，蒋介石猜想晓庄事件是响应冯玉祥的反蒋行动，下令关闭晓庄师范，通缉校长。陶行知被迫流亡日本。时隔一年，陶行知回到上海，反抗独裁统治的勇气有增无减。

在黄炎培的举荐下，陶行知做了《申报》顾问，并在该报连续发表时评，尖锐指出"今日举国之匪，皆黑暗之政治所造成"，一针见血。

一面开展平民教育，一面开展民主运动，陶行知身居社会最底层，思想站在社会最前列。出访欧洲期间，他曾三次拜谒马克思墓，还去了苏格拉底当年所坐过的石头牢房。他记录观感说："这位老人家，为何也坐牢？喜欢说真话，假人都烦恼。"

1946年1月，陶行知在重庆创办社会大学，自任校长，并邀请李公朴任副校长兼教务长。这所大学的宗旨是"人民创造大社会，社会变成大学堂"。

是年4月，陶行知回到上海，投入反独裁、争民主、反内战、争和平的斗争。在他生命的最后一百天里，他在工厂、学校、机关、广场发表演讲八十多次。

十六

1946年，为反抗当时的黑暗政治，为求平民教育有个安静的环境，陶行知从一个教育家转变为一个民主斗士。他的呼号中，持续着对假民主造成的教育弊端的清醒批判——

在教育公平上，陶行知说："我们要求教育机会均等。""教育为公就是机会均等：入学时求学的机会均等、长进的机会均等，离校时复学的机会均等，失学时补习机会均等，而且老百姓有办学管教育的机会。""受教育的机会被剥夺最多的是农工及其子弟。……民主教育是要力求农工劳苦阶级有机会受教育。"

在教育目的上，陶行知由学校扩展到社会弊端："一般办学校的是抱着书本而忘了人生，一般办工厂的是抱着黄金而忘了人生，一般社会运动者是抱着标语而忘了人生。"他呼吁说：学生学会知识，学会做事，首先要学会做人。他为此提出"德育为本，智勇为用"，"道德不立，智勇乃乖"。道德是做人的根本，根本上坏了，纵有学问和本领，也用不到正处。没有道德的人，学问和本领越大，为非作恶越厉害。

面对弊端丛生的中国教育局面，陶行知痛心疾首地发出呼吁——

全民族对于中国现代的无能的教育，该有觉悟……若再因循苟且，则可以救国之教育，将变成亡国之催命符。到了那时，虽悔也来不及了。……荣枯安危存亡之故，只在念头之一转和双手之一动，用不着到远处去求啊！

陶行知深知，这话会让有些人不高兴，偏偏那些人能生杀予夺。他去世前不久，曾在吕班路胜利饭店和翦伯赞倾谈。当时，翦伯赞夫妇因经济不敷，无力租房，住在陶行知朋友家，因天气渐热，恐人厌烦，十分懊恼。陶行知开导他说："不要着急，不论时局好坏，我们总会有房子住。"翦伯赞问："时局坏了我们怎么也有房子住？"陶行知答："时局坏了，你和我都去坐牢，不是也有房子住吗？"

十七

1946 年 6 月 23 日，上海北站，十万民众正在欢送他们的代表去北京请愿。

有人拍下了现场照片。照片上的陶行知嘴张得很大很大。

要让一向温文尔雅的陶行知这样放声高喊，内心得蕴藏着多少愤怒与渴望！

从他张大的嘴中，我们今天似乎还能听到那天他吼出的正义之声——

> 八天的和平太短了，我们需要永久的和平！假装的民主太丑了，我们需要真正的民主！我们要用人民的力量，制止内战，争取永久的和平！我们要用人民的力量，反对独裁，争取真正的民主！

1946 年 7 月，中国现代教育史上的黑七月。

7 月 11 日，社会大学副校长、民族革命大学副校长李公朴因反抗独裁被暗杀。

听到那声枪响的闻一多说："我前脚出门，后脚就不准备回来了！"

7 月 15 日，西南联大知名教授、《民主周刊》社长闻一多因反抗独裁被暗杀。

听到前两声枪响的世界著名教育家陶行知说:"我等着第三枪!"

7月25日中午,因长期劳累过度,健康过损,受李、闻事件刺激过深,一生献身于平民教育的陶行知突发脑溢血,逝世于上海,享年五十五岁。

在陶行知留给这个世界的最后一封信中,有这样一段文字,是他"等着第三枪"的时候,向千万同志发出的号召——

公朴去了,昨今两天有两方面的朋友向我报告不好的消息。如果消息确实,我会很快地结束我的生命。深信我的生命的结束,不会是育才和生活教育社之结束。我提议为民主死了一个就要加紧感召一万个人来顶补,这死了一百个就是一百万人,死了一千个就是一千万个人。我们现在第一要事是感召一万位民主战士来补偿李公朴先生之不可补偿之损失。只有这样才是真正的追悼。

陶行知一去,可谓一人千古,千古一人。

郭沫若挽联说:"两千年前的孔仲尼,两千年后的陶行知。"

宋庆龄在"行知先生千古"的小字旁书写四个大字——"万世师表"。

陶行知去世次日上午，上海万国殡仪馆挤满悼念民众。

十八

为做一件大事，他来了，捧着一颗心。

做了一件大事，他去了，不带半根草。

来去之间，正气浩然，心地坦然，功德卓然。

一本厚重的民国版《陶行知先生纪念集》中，悼念文章的作者排出一长列名字——张友渔、何其芳、华岗、邓初民、翦伯赞、郭沫若、郑振铎、周建人、茅盾、梁漱溟、田汉、胡风、李维汉、马寅初、张申府、史良、吴玉章、戴爱莲、马叙伦、叶圣陶……

这本厚书也蓄积着陶行知学生们的哀思。其中一个叫章国珍的女学生写下《寻找》一篇，隐然有陶先生的文字风骨和思想真传——

你到哪里去了呢，校长？我的敬爱的先生！多少人要痛哭你啊！哭罢！哭得天崩破，地裂开，可是哭不转先生，让我们在每一件事当中去寻找你，把你遗留的事业百分之百的实现。

主要参考文献

陶行知：《中国教育改造》，安徽人民出版社，1981。

朱泽甫编著《陶行知年谱》，安徽教育出版社，1985。

周洪宇等主编《陶行知与中外文化教育》，人民教育出版社，1999。

王一心：《最后的圣人：陶行知》，团结出版社，2010。

陶行知：《中国教育的觉醒》，群言出版社，2013。

陶行知先生纪念委员会编印《陶行知先生纪念集》（自印本）。

安徽省陶行知纪念馆编《陶行知纪念馆》（自印本）。

胡愈之："一生心事问梅花"

胡愈之很少说自己。

一本《胡愈之印象记》，众多友人作证。

陈翰笙说："愈之生前给我留下了一个极深的印象，他干得多，干得非常出色，但从不夸耀自己。"

叶圣陶说："他经常为朋友出主意，帮助朋友解决困难，……没听他诉说过自己的困难。"

胡绳说："他为中国近代文化运动默默无闻地做了许多别人做不到的事。"

千家驹说："他从不出风头，从不居功……办成一件事后……自己就退居幕后了。人们知道救国会的沈钧儒、'七君子'，文化供应社的陈劭先，知道国新社的范长江，知道生活书店的邹韬奋，却不知道所有这些进步的文化团体的幕后都有胡愈之，而且愈之所花的心血比谁都多。"

吴觉农说："在成功的事情上从不谈论自己，是愈之性格的特点。"

这是朋友们的印象，也是胡愈之的本相。

一

1940 年代，胡愈之流亡南洋七年有余。其间，他写过一本《少年航空兵——祖国梦游记》。书中有句话，或有"言志"的意思——"永远向着未来，不要怀念过去；一切为了明日，不要迷恋昨日。"

君子之道，一以贯之。从当年，到胡愈之去世前一两年，除了一些缅怀亡友的纪念文章，他几乎不写回忆文字，尤其不写自己。他经历的很多事，包括重大事件，他在事中的担当，乃至主导作用，长期内只能自知，不便他知，不宜他知，不能他知。

比如"流亡"，即不是他自己要走，而是组织行为。

1939 年，武汉沦陷后，他辗转到达桂林。其时，那里聚集了一大批文化名人。胡愈之在参加范长江主持的"国际新闻社"的同时，还受命筹备一个出版机构，叫"文化供应社"。

该社开张当天，李克农找到胡愈之，嘱他马上去香港，机票已订妥。

当时，在内部，有密令："为保存力量，凡是不能秘密隐蔽起来的同志，都必须立即转移埋伏。"胡愈之说："像我这样的人，是无法'秘密'起来的。"所以要走，而且须快。他做什么事，在哪里做，怎样做，不是自己定的，是另有因素决定。

胡愈之到了香港，落地地点、联络人都是确定的。他到中共南方工作委员会，找到廖承志，知道了下一步要做的事，"去新加坡办报"。

胡愈之说："自1940年12月赴新加坡，至太平洋战争爆发，星马沦亡期间和一批进步文化人流亡苏（门答腊）岛"。其实，流亡是个说法，办报是名义，实际做另外的事，不便公开罢了。

据一则新见史料，早在1929年，日本派驻南京大使馆的海军武官柴田源一就有密报，其《宁周周间纪事》，说明胡愈之（时在法国）行踪当时已被日本当局关注。

1940年12月2日，胡愈之抵达新加坡第二天，《南洋商报》刊出其照片，发消息说，"本报新聘国际问题权威胡愈之先生为编辑主任"。英殖民政府见消息，"吃了一惊，胡愈之怎么来的？怎么没有查到？"胡愈之过海关时，用的是本名"胡学愚"。

1980年代中期，胡愈之临近生命终点。"为了明日"，终于可以说说昨日，他开始回忆过往，留下关于自己生命历程的文字。

二

1984 年 6 月，胡愈之口述《南洋杂忆》，又说起"几乎不写回忆文字"的老话。表示此时愿谈经历，是为"帮助青年人了解过去的生活和斗争"。

1985 年下半年，胡愈之应中共党史资料征集委员会约，回忆个人经历，再作口述。知情者说，最初是"一份四万多字的自传"。

"1896 年 9 月 9 日（旧历八月初三），我出生在浙江省上虞县城（今为丰惠镇）的一个地主家庭。"这是胡愈之《我的回忆》正文的第一句话。

不同版本的胡愈之传记，写其出身，都是"书香门第"之类。胡愈之自己则回避这个词，直说"地主家庭"，自有他的用意。他保持了大半生的革命倾向：表面上，与书香门第或"地主家庭"的自然取向是冲突的、相克的；深层里，胡愈之不从俗，不从众，有其独特认知，不说而已。听其言，不如观其行。

其侄胡序文编写《胡愈之大事年表》，亦如实表述，"一个世代书香的地主家庭"。胡愈之认可这个说法，相信是出于一种难能可贵的历史感和对实事求是的坚守。

胡愈之回忆中说：

清末之际，江浙地区商品经济有所发展，地主对

100

农民的盘剥也随之加重。官府为地主撑腰，对交不起田租的农民进行严厉镇压，使得阶级矛盾日益尖锐。在我少年时期，上虞曾多次发生山区农民进城跪香请愿和暴动的事件。这些农民的自发斗争，虽未形成大规模的革命运动，但在我的幼小心灵里已留下了深深的烙印。

这样的烙印，在阶级斗争学说盛行的一段历史中，影响是深远的、决定性的，甚至会超出"书香门第"潜移默化的熏陶。

更值得关注的是，"地主"之间存在差别。用胡愈之的话说——"地主阶级内部发生分化，一部分地主坚持对农民的严厉镇压，而另一些地主则开始同情农民困苦的处境"。他的父亲，一位在家乡创办新学的维新派知识分子，就能体会稼穑之难、农民之苦。胡愈之表示："父亲的这种态度，也对幼年的我有很大影响。"

三

父亲乃至祖辈对胡愈之的影响，属于政治因素的，在其读书、识字、明理后才可能开始；而属于文化因素的，从其出生之日就开始了。

胡愈之的出生地即其祖屋，名"敕五堂"。院落格局严整，楼宇宽敞，青砖黛瓦，石础木柱，场面开阔，不尚奢华。该堂来历，据说是其祖先曾先后五次受诏而屡屡辞谢为官，故赐其名。

主持建造敕五堂的，是胡氏家族的砥园公。砥园公之后，胡家文脉仍旺，敕五堂中曾悬挂的"文元""拔贡"等匾额即是明证。砥园公的五世孙，是胡愈之祖父胡仁耀，读书功名至翰林。其"因方正博学由举人荐拔内阁中书、军机章京，再升户部员外郎，光绪丙戌铨叙御史"。

作为仁耀公后裔，胡愈之一家居住在敕五堂后堂西侧的后咫园。后咫园曾有"书香旧内阁，嘉荫后咫园"的楹联。可想而知，如此院落里，"几百年人家无非积德，第一等好事还是读书"。

有"当代茶圣"之称的吴觉农与胡愈之"相交八十年"，曾写文章说："愈之家离我家只一河之隔，我常去他家串门，至今印象清晰的是他父亲书房里的一幅大字：'独坐防心，群居防口'。出身于这样一个家庭，愈之幼年不免受到传统礼教的管束，行动稳重，循规蹈矩，从不参加儿童游泳钓鱼、嬉戏打闹的行列，但他的思想却很活跃。"同时，他后来做地下工作所需之"防心""防口"功夫，也得以最初的熏陶。

胡愈之长到十二三岁上，从读报体验中产生了办报意识。一次，他与吴觉农商议"办一张报纸"，并带领弟弟仲持和堂弟伯悬，找来毛边纸，用小楷抄录上海报纸上的一些消息，还作了标题，复写几份、十几份。吴觉农成了该"报"发行人，奔走散发。他们"几天一期，坚持了相当时间"。

这次办报经历，预示了胡愈之一生的主业。他与新闻、出版的缘分，早在他的降生时间上已有显现——1896年，梁启超主笔的《时务报》正式创刊。翌年，夏瑞芳等发起的商务印书馆正式创办。

四

浙东地区，自古文化昌明。汉代王充《自述》中，有"八岁出于书馆，书馆小僮百人以上"的记载；东晋的谢安、王羲之和宋代的朱熹等，都曾在上虞议学讲学，可见当地读书风气之盛。直到清末，浙东一带仍有宋明理学的诸多追随者。胡愈之说："读书人有操守的，大多轻视科举制艺，崇尚实学，主张知行合一。"

胡愈之六岁入私塾，从四书五经开始接受教育。两三年后，清政府废除科举和八股，兴办新学。他转入上虞县立高小，接触算学、物理、化学等新鲜知识。他在《我的回忆》中说：

在小学里国文课我已熟读了《古文辞类纂》里百余篇选文，数学学过了代数，历史看完了《御批通鉴辑览》，地理学完了屠寄的《环瀛全志》，物理、化学、博物、生理都学过一点。那时，世界历史等还没有教材，老师用日本教材现学现卖，这样我还跟着学了一点日语。

胡愈之进入中学后，父亲从绍兴为他找了个国文教师，叫薛朗轩。这位薛先生和蔡元培同住一条街，两家皆贫，两人的父亲同为一个徐姓的有钱人做工。徐家请到一位名师在徐府授课，薛朗轩和蔡元培同为徐家子弟伴读（当地风俗之一，富家可以请贫寒人家子弟到家中，和自家孩子一同受课，不收束脩，曰"伴读"）。因徐家赏识薛朗轩、蔡元培的聪慧和为人，后来徐家掌柜的两个女儿许配薛、蔡，他俩又成了连襟。

薛朗轩是个终老乡里的大知识分子，他以精通经学和舆地学闻名浙东，主张格物致知，不求名利官禄。他的教书方法与众不同，对学生多作指导，应读什么书，读哪篇或哪节，由学生先作笔记，再向老师讲解。若笔记和讲解出错，老师再加以纠正。

胡愈之回忆薛先生说："一个经学老师不主张用古典，一个脱离现实世界、数十年埋头在故纸堆中的老先生，却主张文章不能脱离现实，一个极端保守派却教人不要学古人，摹仿古人。""他的教学方法引起我很大的兴趣。"

胡愈之是早期中共党员，却长期不能以党员面目公开出现。他从事革命文化工作，但不宜加入群众革命团体。大半生隐蔽身份，"防心""防口"至为关键。薛先生的教法，简直就是胡愈之后来特科工作的早期训练。其中共身份 1979 年公开时，距他入党已有 46 年。胡愈之党内党外出入自如，薛先生有"授渔"之恩。

五

1911 年初，胡愈之以第一名的成绩考取绍兴府中学堂实科。

这个学堂，是绍兴府为属下八个县设立的，学制四年，毕业可得举人资格。胡愈之读小学时，父亲为家里订阅的《新民丛报》《浙江潮》等刊物，他常看，也读了谭嗣同《仁学》等书，头脑里装进了民主主义思想，对功名出身已无兴趣。

胡愈之考中学堂时，学校已分设文科和实科。其祖母和叔父觉得胡家世代书香，"十余代读书种子"，读文科理所当然。这一理由充足到父亲也劝胡愈之投考文科。无奈他不愿再求功名，且对数理有兴趣。胡愈之最终说服父亲，考入实科，且直读二年级。

在该校读书的一年，为胡愈之增添了一段至为重要的经历——当时，鲁迅是该校的学监，兼授生理卫生课。在《我的回忆》中，这段经历被放在"走向革命"专题下，胡愈之说："我正是在这里和鲁迅先生结下了师生之谊。绍兴府中学堂的同学，思想也很活跃，大家都崇尚革命，曾掀起了剪辫的热潮，这促进了我的民主主义思想的发展。"

鲁迅主张革命，却不放任学生因政治耽搁读书。他每天晚上都到自修室巡查，督责学生用功，严厉到"学生没一个不怕他"。胡愈之读小学时已养成了看课外书的习惯，还常写游戏文字，进中学后依旧如此。有两次，他在自修时间"写着骂同学的游戏文章"，都被鲁迅发现。临近期末，胡愈之和几个同学趁鲁迅不在，从学监室窗外爬进去，偷看已写出的学生操行评语，鲁迅给他的评语是"不好学"三个字。

这是胡愈之读中学堂实科第一学期的事。胡愈之当然想扭转鲁迅对他的印象，遗憾的是，第二学期他就得了伤寒，病情十分严重，不得不休学养病。就在其养病期间，辛亥革命爆发，整个世道改变。胡愈之没有再回绍兴府中学堂，而是进了杭州英文专科学校，打算学好英文，去欧美求知。

六

胡愈之的英文功课刚做了半年，学校因学生太少停办。他无奈回家，却没有放弃学习。自修英语的同时，还读了世界语的函授课程，并初步掌握了世界语。

1914年，胡愈之以十八岁年龄走向社会，考进了上海商务印书馆。当年10月，正式成为该馆编译所的练习生。

编辑出版工作，正合乎胡愈之早年就有的志趣和理想。生活艰苦，待遇不高，都不影响他对工作的全身心投入。"作为编辑练习生，什么都干。"从内容上看，他编写小册子《利息表》，参加编写动植物大辞典索引，为《东方》杂志翻译文章……从工种上说，他既作案头文字工作，也去印刷厂看版样、作校对，觉得自己受到了多方面的锻炼。

商务印书馆自设的"东方图书馆"，对胡愈之的帮助很大。胡愈之说："我只有中学二年级的学历，我读书都是在'商务'读的。当时我把大部分业余时间都用在读书上了，晚上还参加'惜阴公会'办的英文夜校，我的知识就是靠自学得到增长。"

这一时期，胡愈之接触了多方面的新知识，看到了世界的新变化。到五四运动爆发，上海工人举行罢工时，商务印书馆编译所和工厂都停止了工作。胡愈之也"参加了这一伟大的斗争，受到了极大的鼓舞"。

五四运动以后，胡愈之把更多的时间和精力用于著译，内容涉及国际问题、妇女问题、文学、社会、哲学等方面，成果发布在《东方杂志》《小说月报》《妇女杂志》

《中学生》等媒体，同时积极参加社会活动。他说："整个青少年时期，我都是一个民主主义者。对于新、旧民主革命，我都是拥护和支持的。后来，在革命激流的推动下，我还直接参加了群众斗争，我是在现实教育下逐步走向革命的。"

七

时常发表著、译文章，又积极参加文化团体的社会活动，胡愈之在文化界的交游日益广泛，也有了一定的影响和名气。到 1920 年代中期，《东方杂志》的编辑工作实际已由其负责。他在商务印书馆的工资，初年 4 元、次年 14 元，后来增加到了 120 元。

胡愈之对世界语特别有兴趣，为推广世界语投入很大精力。他和一些世界语学者创立了上海世界语学会，设立会所，开设讲习班、函授班，和许多国家的世界语学者和团体建立了联系。楚图南称他是"我国世界语运动的先驱"。

1925 年，五卅运动爆发。胡愈之参加了游行集会和罢工，并专门组织了《东方杂志》的五卅事件报道临时增刊。他在增刊中发表长文《五卅事件纪实》，详细报道了运动的起因和发展过程，认为这场运动"是中华民族要求独立与生存的大抗争的开始"。

对工人阶级的斗争，胡愈之抱有深刻的同情，同时对国民党也曾抱有希望。"四一二"政变中目睹街头工人惨遭杀害的场面，使他思想上产生极大震动。他参与写信，向蒋介石和国民党提抗议，带来了被抓捕的危险。抗议信上第一个署名的郑振铎逃往英国，并劝胡愈之尽快离开。

胡愈之到了法国。他不懂法语，靠着世界语和法国世界语团体取得了联系，得到了帮助。他进了巴黎大学国际法学院，攻读国际法，研究国际问题，还到新闻专科学校听课，补习新闻知识。1928年和1930年，他作为中国世界语学者先后参加了比利时安特卫普和英国牛津的世界语大会。

在以求知为主的生活中，胡愈之逐渐学会了法语。他对法国书籍装帧的悠久传统和工艺很感兴趣，专门利用一个暑假的时间，找了一家巴黎大学附近的手工作坊，学了两个月的书籍装订技术。他回国时，还动手装订了几本书，送给朋友。他说："这种装订全是手工操作，与我们现在的精装技术不同。记得当时最讲究的是用非洲的摩洛哥皮作封面。"

八

1930年，胡愈之想在回国途中访问苏联。他从国际工人世界语团体年鉴中找到莫斯科世界语学会的联系地址，莫斯科世界语学会帮他争取到了在莫斯科停留七天的许可，又为他解决了食宿问题。胡愈之利用这一周时间，接触了苏联的工人、农民、学生、作家、教授等，确信"十月革命已产生了许多奇迹"。他写《莫斯科印象记》说："七天的参观访问，使我深深地认识到一个真理：未来的世界是社会主义，只有社会主义才能救中国。"

循着社会主义的方向，胡愈之回国后希望找到共产党，却暂时不知何处去找。

1931 年 8 月，胡愈之的《莫斯科印象记》在新生命书店出版发行，读者反映强烈。到 1932 年 10 月，先后再版五次。鲁迅注意到当年学生的著述，认真读过，赞赏有加，说自己"这一年内，也遇到了两部不必用心戒备，居然看完了的书，一是胡愈之先生的《莫斯科印象记》，一是《苏联见闻录》"。

这本小书，帮助胡愈之找到了共产党的门径。沈雁冰（茅盾）曾与他在商务印书馆共事，后弃职而革命，此时约他晤谈。胡愈之到沈家去，见到了张闻天。张闻天过去常写稿给《东方杂志》，与胡愈之早就认识。这次见面，是要了解胡愈之对共产党的看法和态度。

胡愈之由此和共产党的联系逐渐增多，开始采用接近共产党人的思路知人论世，并影响到周围的朋友。他在回忆中特意提到，邹韬奋在其影响下"靠近了党"。

1932 年夏，宋庆龄、蔡元培等酝酿成立"中国民权保障同盟"，鲁迅邀约胡愈之加盟。1932年底，他依鲁迅吩咐，邀邹韬奋一起参加了成立会议。会上选举蔡元培、宋庆龄分任正、副主席，杨杏佛为秘书长，其余在场者均为执行委员。

1933年9月，经张庆孚介绍、中共中央组织部批准，胡愈之被吸收为"特别党员"，"不参加党的基层组织生活"，"属中央特科直接领导"，"主要任务是为党作情报工作"。

胡愈之加入中共，也有过一番曲折。他主持商务印书馆《东方杂志》时，和张闻天接触过，有好印象。流亡欧洲期间，他系统研读过《资本论》等著述。1931年辗转苏联回国后，再度见到张闻天，开始应约参加相关活动。一次讨论中苏关系的会议上，胡愈之的主张和与会党员的"左"倾冒险主义意见不一致，成了他"不能很快入党的一个原因"。入党前，胡愈之就领教了"左"倾思想的厉害。此后，他一直对"左"保持高度警惕。这种警惕，来自理论，更来自实践。

九

邹韬奋主持的《生活》周刊，起初是中华职业教育社出资办刊。胡愈之回忆当年办刊实况说，被"左"倾主导时期的共产党认为，职教社属于中间势力，"是最危险的敌人"。但是，中共党员办的刊物"都是色彩明显，公开发行很困难，而且一般人都不敢读"。在这种情况下，倒是中间色彩的《生活》周刊能拥有众多读者，在宣传反蒋抗日中起到了特殊作用。

《生活》周刊影响日广，引起了蒋介石的注意。他当然不能允许该刊反对自己，就把黄炎培从上海请到南京，要求《生活》周刊改变政治态度，拥护国民党，否则就要查封。黄炎培即要求邹韬奋改变政治态度，否则就申明与职教社脱离关系。邹韬奋拒绝改变，同意脱离关系，并立即登报声明。

为此，胡愈之建议邹韬奋创办生活书店，取得出版书籍和其他刊物的资格，扩大工作平台。即便刊物被封，还有出版机构，可以换个名字再出刊物。

1932年夏，生活书店正式创办。胡愈之协助邹韬奋起草章程，并具体参与多方面的店务活动和编辑事务。他保持幕后状态，不公开出面。关于经营、管理原则，胡愈之的理念是——"使生活书店的组织形式更适合于革命文化出版事业的需要"。

十

加入共产党后，胡愈之参与文化活动有了更强劲的政治动力。他虽始终没有在生活书店担任正式职务，但实际影响很大。在他的策动下，生活书店1933年创办《文学》杂志，1934年创办《世界知识》《太白》《译文》等刊物，1935年创办《妇女生活》……胡愈之确信："这些刊物在国民党实行文化'围剿'的情况下，为党员和进步文化工作者开辟了进行战斗的阵地，对形形色色反动的思想文化进行了针锋相对的批判，广泛地教育了群众，推进了抗日救亡运动的发展。""生活书店成为了国民党统治区的一个坚强的革命文化堡垒。"

胡愈之与沈钧儒的相识，始于其《莫斯科印象记》出版后。当时，上海青年会请胡愈之去报告苏联第一个五年计划建设的情况，沈钧儒请他到上海法学院给学生讲讲苏联，胡愈之因此得识沈钧儒。到1930年代中期，胡、沈二人已走得很近，他们一起谋划成立文化界的进步社团。

从1935年下半年开始，胡愈之和沈钧儒、邹韬奋先后邀约一些文化界人士餐叙，讨论国事和抗日救国道路，酝酿先在文化界成立抗日救国团体。

"一二·九"运动兴起时，上海妇女界、文化界、教育界、职业界等相继成立各界别的救国会。到1936年初，上海成立了各界救国联合会。救国会组织开始在全国范围发展起来。北平、南京、武汉、天津、广西、山东、杭州等地的妇女界救国会和文化界救国会纷纷成立。

救国运动的最初发起和参与者，本是一部分有名望的爱国知识分子，不具有党派色彩。不久后，陆续有各党派的人参与其中。中共人士如胡乔木、周扬、夏衍、顾准、钱俊瑞、徐雪寒、周新民等，都成为其中骨干，把中共关于建立抗日民族统一战线的主张带进了救国会。

十一

《救国会》一书说："中共中央又在上海成立办事处，由潘汉年同志任主任，冯雪峰为副主任，潘委派胡愈之分管救国会的事。从此，救国会便同中国共产党有了正式组织上的联系，也可以说是接受了党的思想政治上的领导。"胡愈之在保证救国会接受中共思想政治领导上担负起重要责任。

据胡愈之回忆：

1936年4月间，我在莫斯科的任务已经完成，共产国际的中国代表团要我陪同潘汉年同志从法国搭船回香港，以后我的工作由潘领导。……回到香港后，潘汉年同志对我说：以后你只管救国会的事，别的不要管，有什么问题来找我，没有问题你就自己去干吧。

1936年11月，发生了轰动中外的"七君子"被捕入狱事件。沈钧儒、邹韬奋、章乃器、李公朴、沙千里、王造时、史良七人，都是救国会的领袖人物。他们入狱后，胡愈之承担起声援、营救的组织工作。

救国会没有办公机构，生活书店成了当时救国会的联络中心。各地函电都寄到生活书店，面洽事宜也在店里，由胡愈之统筹处理。他说自己成了"声援营救运动的组织者和指挥者"。他配合上海临时党组织，积极物色为"七君子"辩护的律师，同时在报界发动抗议，争取国际舆论支持。

十二

参与声援和营救运动的，有极具社会名望的众多国内外人士。宋庆龄、何香凝、马相伯等发表宣言，要求释放"七君子"；张学良、杨虎城在西安事变通电中要求释放这些爱国人士；广西实力派李宗仁、白崇禧等致电营救；国外的爱因斯坦、杜威等著名和平民主人士也致电声援，呼吁释放。

为有效敦促当局尽快释放"七君子"，胡愈之和宋庆龄、何香凝等还发起了"爱国入狱运动"。他们先向苏州高等法院递交呈文，提出"七君子"爱国有罪，呈文者也都爱国，愿与他们一起领罪入狱，后向新闻界发布《救国入狱运动宣言》，引发社会强烈共鸣。宋庆龄带领十几个人，拿着行李到苏州，向高院院长当面表示自请入狱，该院长为此狼狈不堪。

"七君子"在押期间，狱方不准他们看报，不准外界成人探监。为帮他们了解社会反响动态，以利内外配合，胡愈之等巧妙周旋，设法把国内国际形势和斗争策略写成密信，贴身放在邹韬奋、章乃器、李公朴等人的孩子身上，由他们带进监狱，还设法让单独关押在女监的史良也能同沈钧儒等六人通报信息，形成了"七个人是一个人"的局面。

国内外正义舆论的强大压力，迫使当局不敢贸然对"七君子"判罪，加上"七君子"和律师在法庭上凛然正气，滔滔辩词，1937 年 7 月底，"七君子"终得无罪释放。

十三

1937 年底，日军侵略致上海陷落，英、法租界当局宣布中立，租界成了日军合围的孤岛，局势发生了根本转折。上海救亡团体和各界爱国人士撤离，往武汉、香港等地继续其事。原来如火如荼的抗日救亡报刊被迫停刊，继续出版发行的报刊不得不改变调子。抗日救亡与民主进步运动进入低潮。

胡愈之没有立即撤离上海。他根据形势变化，拓展其他途径，转向社会底层，组织出版《上海人报》《团结》《集纳》《译报》等，对个人、难民、市民作宣传引导，还以"社会科学讲习所"名义培训抗日救亡团体骨干，输送到外围抗日斗争活动中去。

他在此时做的一件大事，是出版了斯诺名震中外的《西行漫记》一书。

斯诺采访、记录延安见闻的《红星照耀中国》一书在英国出版后，他很快就送给胡愈之一本。该书是西方记者中第一个越过严密的新闻封锁、进入陕甘宁边区实地采访的纪实著作。斯诺表示，书的内容一概如实描述，"只是把我和共产党员同在一起这些日子所看到、所听到、所学习的一切，作一番公平的、客观的无党派之见的报告"。

胡愈之的侄女、胡仲持的女儿胡德华写回忆文章说：

　　为了抢时间翻译，这本书由我父亲和王厂青、吴景崧、邵宗汉、林淡秋、倪文宙、陈仲逸（即胡愈之）、梅益、章育武、傅东华、冯宾符等十一人把英文版新书拆开，一人一篇；不到一个月，全部译完。加上许达原来已译出的那部分，由我父亲对译稿作了校订。最后由我伯父对全书作了润色，并写了"附记"。为了适应当时的环境，书名改为《西行漫记》。在附记中，除了介绍作者简历及作者去陕北的"冒险"采访，写作的经过以外，着重说明：这是复社出的第一本书，这是由读者自己组织，自己编印，不以营利为目的而出版的第一本书。这是一种"冒险"的试验。这种冒险的试验要是能够成功，固然依靠一切文化人的赞助，同时也依靠这一本书的内容，能够受到广大读者的欢迎。但是，我们相信，这冒险是一定成功的，也正像本书作者的"冒险"成功一样。这是一次十分成功的"冒险"，一本三十万字的长篇报告文学，从翻译、发稿、付印到出书，前后不到两个月，这是出版史上的奇迹。

为了能以正式名义出版，胡愈之临时想了一个空头出版机构名字，叫"复社"。其实没有这个机构，而胡愈之的家就是"复社"。为避免审查，他把原来比较"红"的书名改为《西行漫记》。胡愈之回忆说：书出版后，"半年就印了五六版，卖到八九万本，还运到香港、南洋去卖，轰动了当地华侨"。

十四

组织出版《鲁迅全集》，是胡愈之在出版界的另一历史贡献。

早在"七七"事变前，胡愈之就和商务印书馆谈过《鲁迅全集》出版之事。"因一些问题不好解决而拖了下来，接着是抗战爆发，上海陷落。"本来，经许广平收集和整理，鲁迅的大量文稿全部集中在上海，胡愈之担心被日本人抢走。运到国统区恐怕也不行，因为国民党当局禁止发行鲁迅著作。许广平为此着急，找朋友商量，大家认为最好的保存办法就是设法将全集正式出版。不过，说易行难。

胡愈之为此多方奔走联络，组织起百多位文人、学者、工友，共同为全集的编辑、排印、出版、发行想方设法。他还专程到香港，向蔡元培、宋庆龄报告出版计划，征得他们的支持。胡愈之说："蔡元培当即挥笔写了'鲁迅全集'四个字。蔡元培是国民党元老，声望很高，经他题签的书，国民党也就不能对它怎么样了。"

据胡愈之二弟胡仲持回忆：

> 主持《鲁迅全集》的出版工作的是张宗麟先生。编校部分由许广平、王任叔两位先生负责，出版部分由黄幼雄先生和我负责。发行部分则由陈明先生负责。全集的编辑计划，用鲁迅先生前手订的"三十年集"编目做骨子，加上许广平先生搜集起来的翻译部分。依各书的性质分作二十册。除却一部分用原稿发排以外，大部分是用初版本发排的。许广平、郑振铎、王任叔三先生是编辑计划的起草者。起草完成以后，经过了上海著作界诸友的审查，方才正式决定。当时上海各大书店纷纷向后方撤退，留下来的没有继续出书，因此上海印刷业陷于休闲的状态，排印和装订的工价都跌到最低的纪录。纸张虽然没有新货进口，也还是

价格呆滞着。这就是"全集"成本低廉的主要原因。

即便成本低廉，拟收于全集的鲁迅著述文字在六百余万字规模，相当于二十本《西行漫记》，出版资金仍然是大问题。胡愈之又一次想到预售。鉴于套书价格偏高，便确定了普及本和精装纪念本两种。把普及本的价格降到八元，"工本费都不够"，但把精装本配上专用书箱，正面镌刻"鲁迅全集，蔡元培题"字样，价格提高到百元，以平衡整个出版发行的资金运营。

为推销未成之书，胡愈之举办茶话会，邀请进步资本家、各界开明人士到场，介绍图书价值，请他们签名购买预售书券。在政界，中共方面的周恩来帮他推销，武汉八路军办事处积极配合。国民党方面，孙科、邵力子等"都是一下子就订购了十部"。

胡愈之确属内行，效率很高，仅用四个月时间，就把二十卷《鲁迅全集》送到读者手上。这是现代中国出版史上未曾有过的伟业。他说："在这项活动中既表达了我对鲁迅先生的纪念之深情，也尽了我在抗日救亡工作中的一份责任。"

十五

1940 年底，胡愈之奉命往新加坡，依李克农、廖承志嘱，表面是去办报，实际上是以媒体为平台，做统战工作，"加强对南洋侨胞的抗日宣传教育，扩大党在侨胞中的影响，发展抗日民族统一战线"。

1941年1月1日，胡愈之正式接手《南洋商报》笔政，即赶上皖南事变发生。国内媒体报道事变真相，受到新闻检查的种种限制。胡愈之利用《南洋商报》，根据中共政治需要，及时报道这一事件。该报连续发表数篇社论，轰动了南洋华侨社会，产生了巨大反响。《南洋商报》销路大增，一时跃居各报之首。

办报之外，胡愈之仍以无党派人士身份广泛参加社会活动。1941年底，太平洋战争爆发，新加坡遭到日机轰炸，迅疾掀起抗敌保卫星马热潮。胡愈之邀集文化界朋友成立星洲（新加坡别称）华侨文化界战时工作团。郁达夫任团长，胡愈之任副团长，带领团员到民间作抗敌宣传。

此时，民盟已在国内成立。胡愈之的很多好友和救国会同事都加入民盟，他在南洋也做了建立发展民盟海外组织的工作。

胡愈之在《我的回忆》中说：

　　救国会是民盟的成员组织……由于我和救国会的历史关系，民盟中央要我在南洋负责建立和发展民盟组织。1946年1月，民盟南方总支部成立，不久我们就在新加坡成立了民盟南方总支部驻星办事处，来领导和发展南洋地区的民盟组织。南洋民盟组织的建立，是一件影响十分巨大的事，因为这是南洋第一个公开出现的华侨政团组织……把星马华侨中爱国、进步的知识界人士和一些爱国华侨统统吸引了过来，盟员迅速发展到数千人。……1947年9月底，我们曾在新加坡召开了民盟马来西亚支部代表大会。我被推为支部的主任委员。1948年6月，英殖民当局颁布了"英属海峡殖民地紧急法令"，宣布马共非法，民盟也被迫停止了在南洋的公开活动，一些盟员被驱逐出境，还有不少盟员陆续回国，他们都积极参加了新中国的建设事业，其中不少人还成了共产党员。

十六

经过八年的南洋工作与生活，胡愈之于1948年4月回到香港，住在沈钧儒家。5月，中共中央发出召开新政协的号召。8月，胡愈之扮作华商，经中共"秘密交通线潜行"，经仁川、大连、荣成、潍坊、青州、德州到达西柏坡，先后向李维汉、李克农汇报工作，感到"自己也解放了，可以干些我所爱好而又熟悉的新闻出版工作了"。他明确表示："民主党派的工作麻烦很多，我真不想干了。"

这一想法没有得到周恩来的认可。当周恩来知道胡愈之的中共党员身份仍是秘密状态，且想从事新闻出版工作时，便说："你是秘密的，还是做民主党派工作。"经过周的一番说理，胡愈之后来回忆说："周恩来同志把我说服了，确定我还是在统战部领导下作民主党派工作，我的党员身份仍不公开。"

1949年，平、津相继解放，民盟总部迁到北平，成立"民盟总部临时工作委员会"。胡愈之被推为委员，参与了民盟组织的整顿工作。在盟外，他还参加了北平文化接管委员会工作，主要接管国民党的《世界日报》。

在西柏坡，毛泽东曾向胡愈之谈过一个想法——"办一个以知识分子为主要对象的报纸"。如今机会来了，民盟中央确定，要尽快办起机关报《光明日报》，任命胡愈之为该报主编。他终于干上自己喜欢、熟悉的事情。丰富的经验、巨大的热情，集中释放，筹备仅三个月，1949年6月16日，《光明日报》创刊号面世。

1949年9月，胡愈之被聘任新华书店总编辑。10月，中央人民政府委员会第三次会议任命他为文教委员会委员、出版总署署长。11月，民盟召开一届四中全会扩大会议，胡愈之被增选为中央委员。12月，他在民盟一届五中全会上被选为常委。应该说，他获得了半个多世纪生涯中鸿图大展的最好时代条件。

不同身份聚于一身，有党性决定的政治任务，也有文人施展的文化空间。

十七

胡愈之开始全面调查全国出版工作状态。他主持召开全国新华书店出版工作会议；他在第一届全国出版会议上作《论人民出版事业及其发展方向》的报告；他推动成立了中华世界语协会……这都是他喜欢的、擅长的、熟悉的事情。

这一"方向"上，他有太多事情要做。他在全国新华书店出版工作会议开幕词中说："我们出版工作者，要从农村到城市到全国，准备迎接未来的文化建设高潮。我们的任务是空前的艰巨。"

文化建设的艰巨程度，可能出现的曲折，有些可以设想，有些则很难想到。

胡愈之所在的工作机构，是民主党派和新闻出版管理部门。这类机构具有特殊性质，在文化建设中的职能、定位、相互关系应该怎样摆布，制度怎样设立，成效如何评价，都需要摸索，难免"交学费"。胡愈之在其中身居高处，历经了怎样的"麻烦"，体验了怎样的"艰巨"，当有诸多见闻与体验，却又不足为外人道。

麻烦再多，胡愈之南洋时期的"祖国梦"依然在念。1972年他曾在政治漩涡中心为终止"文革"、"广开言路"，冒险强谏，虽无下文，心亦不死。1979年，胡愈之旧话重提。是年6月18日，他写信给孙起孟，再次呼吁

"广开言路"，并加上"广开才路"和"广开财路"。

关于"才路"，胡愈之说："民主党派要多发些议论才好，其中也确有一批人才，可挖掘潜力。"关于"财路"，他说："广开财路比前两者更重要。我们国家很穷，要办事没有钱不行。海外华侨，香港台湾浮财多能通过民建、工商联，以及赞成社会主义的爱国者，从外面找些资金，引进先进设备和技术，要比吸引外资可靠得多。这一条如做不到，广开言路，广开才路，不过是一句空话。"

十八

胡愈之不作空谈，他提出了具体的主张和设想。

他主张，应该把民主党派以及其他爱国人士的财力、物力、智力集合起来。顺着这一思路，他动议"兴办群言堂"。

这个体系中，"可以办一个杂志，也可以搞出版、印刷、装订"，"搞出一种新型的集体经济，集体所有，出力、出钱、出知识的，作为社员，自负盈亏，按劳分配，不向国家伸手，而能帮助国营经济的发展"。

孙起孟意识到，胡愈之所设想，是"致力于发扬民主的新颖构想"，在改革开放初期，展示出老共产党人为人民服务的深谋远虑，有相当高的政治文明内涵和实践价值，嘱咐其提出更为具体的实施方案。

1979 年 6 月 29 日，胡愈之写出《建立"群言堂产销合作社"的初步设想》。他说："群言堂如经中共批准试办，将是一种新颖的集体经济（类似南斯拉夫的工业自治体）。"

重要的是，"全国人民需要大量的精神食粮，仅凭国营的出版、印刷、发行事业，还不能满足需要。因此，建议创办'群言堂'产销合作社，编辑、出版、印刷、发行当前最迫切需要而又为国营出版机关所不能供应的书刊及其他印刷品。产品主要用于内销，但亦可外销一部分，以换取外汇"。"创办五年至十年，基础巩固后，每年应以盈余一部分上缴国家。"

此事结果，孙起孟说："虽经反映，由于当时的条件，未能得到足够的认真研究，搁置起来。"改革开放初期，胡愈之关于试办国营渠道之外的出版发行机构的设想，过于超前，或是事实，但如果熟悉当年全国街头排长队买书的情景，可知胡愈之所言"迫切需要"也是事实。

十九

1985 年，胡愈之以口述体文字留下《我的回忆》。他本有条件完整回顾一生，话题却截止在"建设新中国"的历史转折点上，戛然而止。

他留下的一些空白，有不同版本的胡愈之传记、纪念文集可作弥补。类似《胡愈之印象记》一书中大量回忆文字，弥补之余更有升华，包括他一生精进、功成不居的种种佳话。胡愈之缄默之处，亲属、朋友们出来说话，说了很多，众口成碑。

我们由此看到了胡愈之生平更多风景，看到了一种特殊的人文景观或说奇观——他作暮年回忆，正逢中国社会拨乱反正、正本清源，其心则从未生乱，无须也无从"拨"；其足未涉迷途，无须也无从"返"；其"本"不见偏离，无须也无从"正"；其"源"始终清澈，无须也无从"清"。如此人生，实在罕见。

多半生遭逢乱世，流离动荡，承平时日无多。胡愈之如此清正始终，及高位，享寿九十，是凭孤胆，尤须超群智慧。算算时间，他创意"兴办群言堂"并提出方案，迄今已四十余年。文本已老，思想仍新。其出版界后辈沈昌文说："似乎出版界很少有人注意及此。"他不惮烦又说一次，并在其"最完整的私密回忆录"《也无风雨也无晴》书中附录了胡愈之所拟方案全文。存了文献，也存了先辈胆识。

胡愈之类似的精神劳作和成果还有多少？各行业中类似胡愈之这样的精神劳作和成果还有多少？怎样能形成一种保持记忆、适时重提的思想机制，以利传薪续火，我们做后辈的，该认真想想。

二十

1990年7月，江苏人民出版社出版《我的回忆》，胡愈之的头像几乎占满封面。黑白影调，俯首，蹙眉，闭目，绷嘴，眉宇和脸颊有纹路，如刀刻。如此神态，不妨看作是他回忆过程的一个典型瞬间，也不妨扩展为其生涯象征——凝重，孤独，风云在胸，悲悯入眼，万语千言，汇聚心间。

更多的话，他不愿多说，是相信读者总肯听历史怎么说。说人，说事，说清浊，说风骨。桃李不言，下自成蹊。

一个位高权重的政治人物，一副孤直通达的文人风骨。

该书代序是楚图南所写，题为"与人照肝胆 见义轻风浪"。他回顾胡愈之一生事功，特意提到两件事。"文革"期间，1972年8月10日，胡愈之和杨东莼、周世钊联名上书毛泽东，提出"落实干部政策，解放知识分子，恢复尖端科学研究，开放书禁，恢复办大学，健全法制"等八个方面的主张。"文革"结束后，在民盟第四次全国代表大会上，胡愈之代表民盟中央作报告，"谈到1957年反右扩大化的问题时，离开稿子公开向在反右扩大化中遭到不公正对待的同志们表示道歉"。这两件事，只要对这段历史稍有了解，便知这实在是石破天惊之举，没有非凡胆识和慷慨担当，绝无可能。

"一生心事问梅花"，是楚图南一枚闲章文字，或是他夫子自道。借来这里作标题，其中的暗香，是胡愈之风骨的天地浩气。

李文宜曾任民盟中央副主席，当时也在民盟"四大"会议现场，说到胡愈之脱稿道歉事，她记得"许多同志都为愈老这种严于责己的诚恳态度所感动，不少同志都表示，这些事哪能由愈老个人承担责任呢？"

胡愈之"虽千万人吾往矣"，此事此言，至今仍是独唱，绝唱。

主要参考文献

张枬、王忍之编《辛亥革命前十年间时论选集》第一卷，生活·读书·新知三联书店，1960。

卓兆恒等选编《政治协商会议资料》，四川人民出版社，1981。

胡愈之：《我的回忆》，江苏人民出版社，1990。

中国民主同盟文史委员会编《我与民盟》，群言出版社，1991。

于友：《胡愈之传》，新华出版社，1993。

中国出版科学研究所、中央档案馆编《中华人民共和国出版史料》（1），中国书籍出版社，1995。

费孝通、夏衍等:《胡愈之印象记》, 中国友谊出版公司, 1996。

陈荣力:《大道之行——胡愈之传》, 浙江人民出版社, 2005。

沈昌文:《也无风雨也无晴》,（台）大块文化出版股份有限公司,
2012。

胡仲持著, 张冠生编选《胡仲持文存》, 群言出版社, 2024。

潘光旦：昆明大河埂 133 号

潘光旦先生留下的著述（含译著），据说约六百万言。其中有一本《铁螺山房诗草》，是他 1941 年到 1946 年间写的旧体诗。

这是一本线装书，宣纸，竖排，手稿影印，可观赏潘先生的书法水准。书名由楚图南先生题签，端庄，凛然，沉静。

接触潘先生的文字，文章在先，诗在后。最早读的文章，在《政学罪言》书中，边读边感慨，道理能被作者说得这么清通、明白！后来读到他的旧体诗，觉得诗如其文，晓畅，旷达，意趣盎然，可诵可品。

《铁螺山房诗草》卷首有照片。潘先生夫妇立于后，四个女儿在前。小女若有所思，余五人皆笑，笑意次第漾开，父母尤其开怀。潘先生拄双拐，左手拿着他心爱的烟斗，都是他的招牌用具。一代文人中，非他莫属。

图注说：1941年左右摄于昆明西郊龙院村大河埂寓所。

时间，地点，都指向西南联大。一座神奇的教育圣殿。

多年里，一直惦记这地方，想走到图注中说的"大河埂寓所"看看潘先生旧居，闻闻那里的学术气息，寄托一份缅怀。

2020年初秋，新冠疫情稍缓时，有昆明朋友约往讲座，有了机会。一个周末，和当地朋友徐萍、西宁朋友赵明三人行，道出昆明，一路寻访，找到了那个院落——大河埂133号。

一

8月22日，早饭后出发，途中遇雨。看着雨滴，想起潘先生当年说雨的一个掌故。

某年某日，清华园名教授赵访熊结婚，当天大雨。"礼成"一刻，声势更大。一众宾客，多人仰天皱眉，埋怨"天公真不作美"。潘先生独出机杼，说："既云且雨，天地交泰之象，是天公在为新婚夫妇现身说法，大可贺也！"

潘先生善解人意，妙解天意，出于他的幽默，也出自他的学术关怀（生物、遗传、优生、性心理、婚姻、家庭等等）。这是后话。

西出市区，我们边问边走。转了几个弯，雨势有点大。在路边停下车，西宁的朋友寻店买伞，昆明的朋友问路。又走一段，见到前面有大河埂地铁站牌，知道接近目的地了。

按照路人指点，我们进了一个大型停车场。再问，值守门闸的人指着里边说：走到尽头，有桥的地方，就到了。

看着左右的汽车，有点犹疑地往前走，哪像有桥？接近迎面一堵墙的时候，听到了水声，左侧果然有一座小铁桥，长约五六米，桥下水急。我们雨中过桥，脚一落地，忽觉进了另一世界，是村中街道、集市。城乡转换，就在瞬间。只须几步，便已由城市进入了农村。

走进一家小吃店，打听去处，店主不知。换一家问，得知比较确定的方向。顺着一个窄巷前行不远，转过弯，接近了，比较高大的砖瓦楼房之间，一处院落低矮破旧，淋在雨中。徐萍说，这就是我们要找的潘先生旧居。

心情忽然不一样，平添几分肃穆。行注目礼之后，拍全景照。书上说的"大河埂寓所"，萧疏破旧，风雨中挺立如故，如故人风骨。那一刻，心里有声音：潘先生，我们来看您了。

二

村路和院落间，一堆砖瓦掺着红土，堆成小丘。脚下湿滑难走，赵明体贴，过来搭把手，踮脚踩准砖茬瓦块，小心上下，方才进了院子。徐萍以前来过，说这脚下本是门楼，上次来时还好好的，这次竟塌成这样，"文保点"也没能保住，真是可惜。

雨不算大，站定了，左右看看，选了中心位置，四面拍照。

正房，厢房，灶间，门墙，号牌，楹联，屋脊，二楼木板……脑子里想象着纪录片，场景转换，影像叠印，潘先生出现。圆头，圆脸，圆眼镜，念书，写稿，吟诗，会友，和女儿逗乐，微笑，大笑……

正摁快门，一个中年女人持伞进院，径直走向废品堆，抖出袋中杂物，熟悉，自如，像是主人。看见我们，没有惊异之色，也无意询问，似乎已习惯了陌生人到访。

虽说门楼已坍，院子敞开，方才也没有人，但毕竟是未经人家允许就进来了，还是有点冒昧。我们忙打招呼，表示歉意。她平静回应，没有不悦，也不表热情。

我们简单说明来意，她的目光从略带审视转为初步接纳，认可我们继续待着。徐萍、赵明和她攀谈，她也从应付式的简答渐渐转为充分的交流。

她听到了快门声，知自己在镜头中，有伞遮脸，并不介意。此时他们都已站到屋檐下，淋不着了。为拍照考虑，希望她收起伞，她明确表示不愿，说当年的房东一共五个孩子，如今这院子归五家共有。如果被拍到照片上，传出去，担心别人误解她有什么想法。说过这话，她即礼貌离去，留下我们继续访察。

三

雨势渐大，屋瓦滴水如注。选好角度，拍得一个画面，前景雨丝飞溅，背景是二层木质墙板。水木交错，以利记录旧屋雨中情态。

不多时，潇潇雨歇。房东后人先后闻讯来到，人渐多，态度都和善。其中一位李姓大哥，身穿制服，说是潘先生租住时房东的儿子。他说自己小时候见过潘先生一家人，近年见过不同的寻访者。大家都关心这里，他们也盼着政府能出钱维修。可多少年了，一直说修却总也不见真的来修。问他"高寿"，答说"七十一"。可知潘先生始租其祖屋时，他已八九岁，记事了。

我们很想多听当年故事，想到哪儿问到哪儿，话题随意。主人们聚在一处，情绪活跃，坦诚回答。有的知道，有的不知道，知即知，不知即不知，乡音亲切，简单明快。我们也不刨根问底，有答案是收获，没有答案也是收获，毕竟并不是所有问题都能弄明白，都会有答案。院落

135

平素沉寂，这会儿倒很有了几分热闹。

徐萍说，上次来看见过一个牌子，证明这个院落已被划为"文保"点，不光不能改动，还应维修保护好。我们问牌子还在不在，主人立即进屋，拿出一块长方形牌子，半平米见方，白底红字，上有"西山区文物保护点，不得改动、损坏。西山文物管理所"字样，落款是2001年1月。

从确定"文保"点到现在，二十年了。来过好几拨人，东量量，西量量，看着是要准备整修了。下回再来人，还是看看，还是测量，就是不见动工。

说到这里，我们表示想上楼看看。李大哥说，这房子长年失修，可能会有点危险，家里人很多年都不上了，对远道来客则不忍心拒绝。你们可以上，只是要小心，我们陪着。

四

楼梯的位置，在正房与厢房拐角处，二尺来宽。往上看，疏松的泥土沿着阶梯右侧自上漫下，木阶覆成了土坡，占去台阶多半宽度。应是长年漏雨冲刷的房土堆积所致。

踩在可容脚处，逐级登至二层。进屋后，边续谈，边留神脚下。房屋虽已破败，地板尚觉结实，没有起伏感和吱呀声。

136

打开窗户，借自然光看室内各处。对着屋门的墙上有个镜框，普通书本大小，挂得周正。照片是房东家人的黑白合影，已明显泛黄。这一下，我们有了意外收获，李家众人也面带惊喜。有人说，不知道楼上挂着这个镜框，更没见过这幅照片。现场好几个人都在照片上，早年模样定在上面。

镜框左侧，一米开外，室内设室，又隔出一间小屋，像个巨型木箱。进去看，光线更暗，仅可容一床一桌。屋顶有个小天窗，长不盈尺，宽不足一乍，正好是一片屋瓦大小，上有枯黄落叶。墙上有一扇对开式小木窗，挂着锁。

李大哥说，这一间是专门为潘先生安排睡觉的地方。听到这里，想起潘先生的书房名字，忙问：铁螺山房是不是这里？

他好像有点惘然，回说不知道，父母好像也没有说起过。

幽暗中，窗台上有个竹编篮筐，精致小巧，一掌可托，是旧物，已发黑。想：如能带回北京，给潘先生的女儿看看，是不是母亲当年手边的针线筐。如果是，设法高仿一个，完璧归赵（潘夫人姓赵），该有多好？

徐萍和赵明帮助说出这心思，主人爽快，一口答应。

五

捧着小篮筐，回到一层。李家人也带着镜框下楼来，围在堂屋檐下，七嘴八舌，辨认彼此，一时成了他们的中心话题。

看他们欢悦于亲情，我们也高兴。日程下一站，是去呈贡，找魁星阁，找潘先生的学生费孝通先生的旧居。

道别时，主人挽留吃饭。见我们执意走，李大哥等代表家人送行。我们一起走到村口小铁桥桥头，相约再来。

见面、聊天不过半晌，名字都还说不上，只因潘先生，相逢不必曾相识。挥手作别时，心底竟有一丝留恋。

这是当年为潘先生和西南联大许多先生提供安身居所的一方土地，是懂得敬惜字纸、敬重文化的淳朴乡亲的后人。

读《梅贻琦西南联大日记》，可知那些年他竭力保持教学秩序、来往于昆明城乡之间有多频繁。城中西仓坡被炸、翠湖小学被炸、文庙街被炸、正义路被炸……潘光旦、梁思成、冯友兰、赵访熊等先生们还不是到了大河埂、梨烟村、大普吉、陈家营这等村落才有了相对安定的栖身之所，才有了抗日烽火中的弦歌不绝。

六

回到北京，集中搜寻相关文字中的铁螺山房信息。

读《潘光旦日记》，这段时间日记缺失，不得究竟，再读《梅贻琦西南联大日记》。梅校长与潘先生交情至好，或有记录。翻阅结果，梅校长到梨园（龙院）村潘先生寓所有多次记录，却未见说起潘先生书斋。再找，翻阅《潘光旦选集》，在第四集喜见《铁螺山房记》一文。居然！得来全不费功夫。

文章不长，八百字不到，说了"铁螺山房"的来历——"战事益亟，空袭渐多，复移居西北郊龙院村大河埂，前有山曰铁峰坳，相去可四五里，后有螺蛳峰，则近在眉睫……余即欲易斋名曰'铁螺山房'"。

这时，著名蚕业教育家葛敬忠先生因躲避空袭，好几次到大河埂。葛先生和潘先生是朋友，葛夫人和潘夫人是同学。葛先生喜欢大河埂的清旷，又知潘先生住得拥挤，就在潘先生住处路对过盖起新房子，其中一间给潘先生作书房。潘先生乐道："铁螺之名，由此可成定局矣！"

换个住处，书斋起个新名号，这是潘先生生活情趣的一点寄托。

此前，潘先生已有过多次移居经历。较近的一次是1937年卢沟桥事变、北平沦陷后，潘先生一家随清华大学一路南迁，从北平到长沙，从长沙到昆明，在清莲街学士巷安家落户。

潘先生描述这处新居说："屋之第三层为一阁，高出余屋，东背华山，西临翠海，晴朗之日，可远眺西山之一角……阁四面皆窗，可敞开，云影湖光……偶忆《华严经》有'光云四照常圆满'之语，因即名之曰'四照阁'"。

"光云四照"，对潘先生有特殊意义，包含着夫妇缘分。潘先生名字有"光"，潘夫人（赵瑞云）名字有"云"。人名加斋号，光云四照，这词组真是天作之合。论巧妙，可比广为流传的"秋之白华"（瞿秋白杨之华夫妇名字的组合），论意蕴，还多些余味。无奈战时日机轰炸，国土军兴，为避炮火，潘先生不得不疏散下乡，迁到大河埂。"四照"斋号这么如意，却不得长久，让人徒生感叹。

七

"四照阁"之前，潘先生书斋另有名号。

清华大学1937年南迁之前，他住清华园新南院，是一处独栋小院。门前有藤萝架，潘先生手植瓠瓜。1936年，架上长出一对并蒂葫芦，非常少见。植物形态学家张景钺院士从概率角度说，葫芦长成这样，亿兆次不见得一遇。

潘先生知此葫芦如此稀有，特请其舅父沈恩孚题写了

"葫芦连理之斋"，制成匾额，挂在书房。谁也料想不到，隔年北平就因日军侵华沦陷，清华南渡，一去八年。"葫芦连理"名号的寿数还赶不上"四照"。

更早时候，潘先生还没有到清华园，是在上海教书。那时他留学归国不久，住两层公寓小楼，顶层亭子间作书房，名号是"胜残补阙斋"。提起这斋名，就要说到潘先生早年伤残一事。

1914年，潘先生始读清华学校中等科。清华看重体育运动，当时学校规定，下午四至五时为强迫运动时间。届时，图书馆、教室、自修室、寝室全都上锁，只有体育场和体育馆敞开。潘先生要求自己须有"文武全才"，积极参加体育活动，入校不久即选定跳高作为经常锻炼方式。一次练习中跌伤右腿，"医师有欠高明，耽延一阵，竟成不治，只好把伤腿切断"。这是潘先生好友梅贻宝《清华与我》一文所说。

《潘光旦日记》记得清楚，截肢那天是1916年1月18日。后来他说自己"幼有孙子之厄"，指的就是这件事。

孙子膑脚，兵法修列。潘子膑腿，现代中国学界出一大师。

八

1922年，潘先生奉派公费留学美国。他选定优生学

141

方向，专攻生物学，主修自然科学，如动物学、古生物学、遗传学等，辅修社会科学，如人类学、社会学、哲学、心理学等，还选修有犯罪学、日本历史、德国思想等诸多专题性质的跨学科课程。四年里，他在美国达特默思、哥伦比亚大学连取本、硕学位后，感觉此地求学不过如此，遂放弃读博机会，翩然回国。留学生涯中，独腿未成求知障碍，反增别样风采。

多年后，胡起望教授问起当年情况，潘先生说，独腿使自己得到更多读书时间，也成了他人容易识别的标记。

出国前，潘先生即与闻一多交好。同校，同学，一起参与学生运动，遇刁难时共进退。归国后，潘先生到上海，任教于暨南、东吴、大夏、光华等大学，还曾在复旦、沪江等大学兼课，讲授优生学、遗传学、进化论、心理学、家庭问题等课程。

闻一多当时也在上海，初学治印，刻出"胜残补阙斋藏"一方印章，赠潘先生。借斋号，说心愿，寄友情，铭高谊。闻先生原名"闻多"，是潘先生不想听他人连名带姓地呼唤，添上"一"字，世上才有"闻一多"。

《铁螺山房记》说："余读书之斋凡四易名"。上述铁螺、四照、葫芦连理、胜残补阙，即其四易之名。居一处，易一名。串起来看，是潘氏书房史，也是其生命史。一介书生，无论穷达、沉浮，尽力念书、教书、写书、藏书、管书……不亦乐乎？一生一以贯之，不亦君子乎？

九

1947 年 4 月 27 日，清华复员后首次校庆。《大公报》（天津版）报道："各部门开放，被称道最盛的是图书馆，复员后，遗失书籍收回大半。潘光旦馆长拄双拐笑立礼堂前，谦谢恭贺。"

见过一幅照片，应该就是此刻所拍。潘先生身旁，站着梅贻琦、胡适、冯友兰诸位先生。礼堂门前，他们聚在一处。潘先生是背影，浅色上衣，拄拐颔首而立，胡先生春风满面和他接谈。梅先生玉树临风，若有所迎。冯先生似因胡、潘之谈笑逐颜开。当年清华园，大楼无多，大师成群。

资中筠教授写有《清华园里曾读书》一文，说到潘先生"管书"之细。她说：

> 潘先生在学生集会上讲话，其中说到他抽查了一些图书借出情况，发现最多的是"中文—白话—小说"（他说时每个词都顿一下，加重语气），说明现在学生有多懒，光看小说不说，连文言、外文的都不看，怎么得了。他讲这话时很激动。我没想到，潘先生管图书馆一直管到同学借书。直到多年之后从回忆他的文章中读到他在"文革"中的悲惨遭遇，那次讲话陡然浮现在脑海中，似乎感受到了当时没有体会到的深切

的忧思。

《联大八年》书中，有西南联大学生对潘先生的印象，"有演讲瘾⋯⋯演讲起来，如黄河长江滔滔不绝"。能让这样一位导师"顿失滔滔"、一词一顿地说话，心事得有多重？

十

潘先生这次讲话，强调"文言、外文"，内涵是中外文化思想资源的兼收并蓄，汇通融合。他早年在家乡读书，念私塾时间不长，就进了新式学堂。其深厚的中国传统文化根底，是在清华园里常年沉潜自修而得。同时，他大量借阅外文经典著述，熟悉名家学说和思想，为日后留学做足了功课。不知潘先生想过没有，把他当年的清华图书馆借书单找出来，和让他忧虑的"中文—白话—小说"借书单对比一下，做个展示，会不会惊醒几颗读书种子？

潘先生书缘深厚。若溯其源，远处说，有"世代教书"家庭耳濡目染。近处看，有庭训，母亲对他的影响很大；有内助，妻子对他充分理解，倾力支持；另有内在动力绵延一生。他实在是一颗超级读书种子。

潘先生的母亲沈恩佩，知书达理，相夫教子有方。丈夫去世较早，她独力抚养三个儿子，督责他们读书成器。

潘氏家族中有个传说，某年逃难，从宝山县罗店镇到上海，她家中细软统统舍弃，只带了四担书上路。有母如此，身教如许，潘先生能不自幼爱书？

学生时期，有一阵潘先生常参加课外集会活动。潘母知道了，告诫儿子："人不是蛔虫，何以作此生涯？"母亲一言，潘先生一惊，自此以后，他"利用分分秒秒，图书馆跑得最勤"。他曾问学生张祖道："你们有谁读过英文词典吗？我还真是又读又背的。"

某日，潘先生在家听到小女儿念英文，就问她，开会的会英文怎么说。见女儿说不出，父亲娓娓道来——congress，conference，session，meeting，还有assembly……潘先生的一位晚辈亲戚亲历此景，记录说："他不停地说着，一面嘿嘿地笑，乃谷就要去与他打闹，一片笑声中，洋溢着和睦的亲情，也进行着潜移默化的教育。"

经潘先生传递，潘母的身教言教已惠及潘家三代、四代。

十一

1947 年 10 月 23 日，潘先生在天津《益世报》发表《南行记感》，说他去参加联合国教科文组织中国委员会的成立会，感慨会中见闻：

南京的会还是多得不得了。……我固然只参加了一个仅仅开了两天的集会，但有的朋友所参加的不止一个，有连续参加三至四个，而有的会期是多至十天半月的。……记得做学生的时候，时常参加各种课外作业的集会，先母告诫着说：人不是蛔虫，何以作此生涯；事隔三十年，不想此种生涯，竟成一大部分人士生涯的常轨。

潘先生的女儿有回忆文章说："1939年春祖母在沪去世，父亲深为哀恸，在阁楼上独处三天，没有下楼和我们一起吃饭。"

早年就读清华时，潘先生长辈已在家乡为他订婚。腿伤截肢后，对方解除婚约，潘母大度，当即同意。有远亲赵瑞云钦慕潘先生人品、学问，乐意作嫁。潘先生因祸得福，举案齐眉，衍生出融融一家。他曾写诗说："一事平生差自慰，家人卜占最谐和。妻兼婢事休嫌懒，女比儿柔不厌多。"一家之主爱妻贤惠、爱女柔和的亲情，溢于言表。

《潘光旦日记》中，不时记其与书商来往，常赊账购书。潘夫人从不因拮据而劝阻，且尽力节用，减少开支，力争结余，促其早日还账。其时袜子是棉质，易破，她用废灯泡撑起袜筒袜身，飞针走线，不是简单缝合，而是经纬穿插织补，以利平整，避免穿时硌脚。这一生活细节中，勤勉、节俭、体恤、能力……尽在其中。

潘先生天性乐观幽默，情绪平和程度罕见。观其日记，从政权更替到自家沉浮，他都是旁观静待的状态，几乎不见感情大起大落，一生经历似乎都已经历过一次。据潘先生女儿回忆，曾见父亲偶尔家中大恸，一次是因祖母去世，一次是因母亲病故。

十二

潘先生1922年赴美读书，带有一套《十三经注疏》。1926年自美国返，带回一套《达尔文全集》。这套书，据说当时国内大图书馆才会购藏，私人买者极少。潘先生临近回国，倾其所有，狂购群书，最为珍视者，就是这套《达尔文全集》。

轮船抵上海，潘先生口袋里只剩下一元钱，不敷市内路费。书生几分尴尬，书界一段佳话。

日积月累，书满四壁，数量逾万。1952年高校院系调整，潘先生奉调往中央民族学院。书太多，家里放不下，学院在研究楼专辟一间给他存书。即便如此，部分藏书仍须延伸至走廊存放，时有散失，无可奈何。

潘先生藏书宏富，文理兼修，中西会通，博览杂取，时常有人登门请教。

费孝通是潘先生的多年学生，共事于民族学院时，又是邻居。他把潘先生当《辞海》，说"我每有疑难常常懒于去查书推敲，总是一溜烟地到隔壁去找'活辞海'。他无论自己工作多忙，没有不为我详细解释的，甚至常常挂着杖在书架前，摸来摸去地找书作答。"

潘先生藏书，有两次大劫。一次是北平沦陷，一次是十年浩劫。

1937年7月28日，日军轰炸西苑，有炮弹落到清华园，全校震惊。潘先生准备南渡，"将先世遗墨及家谱旧稿等，汇装一箧，于第一次进城时送存报房胡同寓所。……全部藏书，逐日装存，一星期始毕，共二十八箱；先行护送入城藏妥，徐图南运"。此事载潘先生《图南日记》。

遗憾的是，这批书事实上没能南运，全部散失于战乱之中。奇妙的是，清华复员后，当时散失的部分藏书，重现于旧书摊，被潘先生陆续买回，重归"葫芦连理之斋"。

十三

1947年1月21日，北平大雪。潘先生写下日记——"葫芦连理之斋"匾额又悬挂起来，"与战前同，地点则自客室移书斋西壁正中；书斋布置至此告一段落，今后将于图书上再事充实"。

梁实秋先生写"雅舍"，想起这间书斋——"潘光旦

148

在清华南院的书房另有一种情趣。他是以优生学专家的素养来从事我国谱牒学研究的学者。他的书房收藏这类图书极富。他喜欢……用两块木板将一套书夹起来，立在书架上。他在每套书系上一根竹制的书签，签上写着书名"。

潘先生的女儿们现在还保留着一些当年的书签。连系两块木板用的彩带，是潘先生母亲的手工。潘乃穆教授回忆说：

> 1936 年她从上海来我家，住到抗日战争爆发时回沪。她是一位知书识礼、性格坚强、处事通达的妇女。当时已年老体衰，却不肯闲坐无事。她手握一个木制小梭，用彩色的丝线织出宽窄不同、花纹各异的带子。父亲的诗句"忍看慈母手中线，翻作残编夹上绵"指的就是这事。

潘先生书房里，常高朋满座。听父亲和客人交谈，是潘先生女儿们的赏心乐事。来访者络绎不绝，朋友、同事、学生、校外来客……多数是学者，有自然科学界的，有社会科学界的。谈话内容天南地北，古今中外。潘先生辩才无碍，左右逢源，常有妙语，说到开心处，每有笑声。

他任清华大学社会学系代理主任时，该系毕业生周荣德与冯荣二人结婚，如愿得到潘先生为新人题写的横幅：一德共荣。

黎宪初也是清华毕业，在校时与欧阳采薇等四女同学有"四喜丸子"之称。黎氏选元月十五日成婚，在三和酒家宴客。潘先生和沈履、陈岱孙三教授合赠喜联，曰"三和四喜，元夜双星"。

沈履（沈茀斋）教授与杨绛女士是亲戚，是钱锺书夫妇口中的"斋哥"，曾任西南联大总务长。清华南渡途中，潘、沈曾住邻居。某夜，有沈先生电报到，邮差大声呼喊："沈茀齐是住这儿吗？"潘先生听得清晰，次日早饭时笑对沈先生说："昨夜邮差大不敬，将尊兄下半截割去了！"一起吃饭的众人哄然大笑，冯友兰先生"直至喷饭"。

十四

潘先生的祖父潘启图是家乡塾师，当地志书记载，他"终日督课，不少懈"。父亲潘鸿鼎，1898年中进士，在翰林院力求新知，学"法政"，赴东瀛，回家乡创办新学堂。幼年潘光旦先读私塾，后就新学，这一经历影响到他一生的治学路径和方法。

20世纪初叶，潘先生带着《十三经注疏》去美国留学，带着《达尔文全集》回中国治学，像是一个人类文化的深长隐喻。对潘先生来说，故国遗产，西方新知，都在念念。书随人走，学在课堂，思虑八荒。所谓进化，不正是赓续古今，增益新知，生命节节演进吗？所谓适应，不

150

正是保旧创新，取长补短，均衡天人之际吗？潘先生遍览旧学新知，跳脱三界，细察五行，看得明白。

留学时，他主修自然科学，辅修社会科学，兼修跨学科课程，合中西，通古今，隐着一个大题目：人类运程。这题目源自他幼年兴趣。

十岁上下到二十岁前后，潘先生对人类的性问题有持续兴趣，看了不少篇幅。观千剑而识器，他发现"性爱的说部与图画也许有些哲学、道德以及艺术的意义，至于科学的价值，则可以说等于零"。这是潘先生十多岁时的见识。

十二岁上，他读到一本性卫生知识书，是父亲从日本带回来的。潘父见儿子有阅读情趣，即予开导、鼓励。父亲如此开通，潘先生研读兴致更高，开始更多涉猎能读到的相关科学书籍。

十五

入读清华园后，天地骤然开阔，丰富的馆藏使他如鱼得水，舒心畅游学海。霭理士著《性心理学》煌煌六大本，他一一细读，对弗洛伊德学说也下了工夫。他依据这类来自西方的性科学原理和研究成果，对照自幼熟悉的中国稗官野史素材，发现了一个结合点，于是以冯小青为对象，用精神分析方法，研究本土案例。

当时，清华学校高等科鼓励学生进行"研究性学习"。梁启超先生讲"中国历史研究法"，要求学生提交读书报告，以敦促研究。1922年，潘先生交上自己的研究成果《冯小青考》。梁先生激赏此文，写评语说："对于部分的善为精密观察，持此法以治百学，蔑不济矣。以吾弟头脑之莹澈，可以为科学家；以吾弟情绪之深刻，可以为文学家。望将趣味集中，务成就其一，勿如鄙人之泛滥无归耳。"国学大师如此鼓励，潘先生快何如之？

梁先生所表彰者，应是指考证中国传统文献，运用西方科学知识，提出关键问题，作出科学解说。潘先生小试牛刀，已有庖丁气象。待其留学归来，奠定百科全书式学术根基，形成人文史观理念，掌握科学方法利器，还不知有多少人类运程的题目有待该生书写，"蔑不济矣"。

潘先生1922年夏赴美，1926年回国。春秋四度，他发挥根基扎实、头脑莹澈的优势，先是跳级，后是游学，鲸吞相关学科知识。当时美国大学有惯例，上半年功课优异，下半年可随心所欲，最多可免课五周，自己支配时间和去处。潘先生利用这一条件，高强度开发自身潜能。他盯住长岛冷泉的优生学记录馆，再三前往，先是参加优生工作训练，后是参与人类学和优生学研究，又往卡内基研究院研究内分泌，到马萨诸塞海滨生物研究所研读单细胞学……二十多岁年纪，似乎已被一种生命紧迫感随时催促，不敢稍有松懈。

十六

1926 年夏，潘先生获得硕士学位，本可再读两年博士，可他觉得，凭借所握"利其器"，已可为国效力于"善其事"，博士帽无足轻重，便带着全套"达尔文"代表的科学工具就回来了。

1932 年 8 月，新月书店出版过一本《中国问题》，是潘先生和胡适先生合编的文集。收录的文章中，有胡先生的《我们走哪条路》、潘先生的《优生的出路》、罗隆基先生的《我们要什么样的政治制度》等。其中，潘先生的题目和胡先生的题目构成了直接的响应和讨论。

对中国问题，潘先生既有一般意义上的忧国忧民，又有独到的认知和见识。尤其是早年接触的性问题方面的读物，使他获得一种少见的眼光——从生物学角度出发，向新人文世界皈依。

对此，胡寿文先生有深度领悟，曾写《潘光旦与新人文史观》解说：

> 早在 30 年代，潘先生就热衷于提倡用生物的现象或原则来探讨人类的社会文化问题，他相信越探讨得进一步，便会越感到生物因子的不可轻视。……在他眼里，所有的人都从祖先那里嗣承了种种生物的品性和文化的遗业，而在继往的同时，又都有无穷无尽的

长远广阔的前途，在时空上互相贯通，无边无际。既然他立志把囫囵的人的社会当做自己的研究目标，则博览古今，兼蓄并包，就成为势所必然的了。

十七

中国传统思想资源浩瀚如海，潘先生沉潜梳理，涵咏多年，提炼出"位育"概念。他说："'位育'是一个新名词，但却是一个旧观念。"《中庸》上说：'致中和，天地位焉，万物育焉'。位者，安其所也；育者，遂其生也。所以'安所遂生'不妨叫做'位育'。"

"位育"概念，从来源看，是西方生物学与东方中庸之道的合璧；从主张看，尊重普遍人性，无问西东，超越国际。潘先生正式提出此概念，是 1920 年代中后期，时值两次世界大战的间歇。即便潘先生只讲学术，不涉政治，仍无妨"位育"学说超越民族国家、趋向人类命运共同需求的深刻与高远。

近百年后，全球化浪潮起伏消长，疫情肆虐，洪水滔天……"安所遂生"之盼，笼罩了所有国体、政体、群体、个体。古老的人类命题——安全而健康地活着——横亘眼前，惶惶不可终日。

人类可怜至此，实有前因。1946 年，潘先生《说乡土教育》一文，认为"一切生命的目的在求所谓'位育'，这是百年来演化论的哲学所发见的一个最基本最综合的概念。这概念的西文名词，我们一向译作'适应'或'顺应'……把一种相互感应的过程看作一种片面感应的过程。人与历史的关系，人与环境的关系，都是相互的，即彼此间都可以发生影响，引起变迁，而不是片面的。说历史和环境完全由人安排，是错误。说历史和环境完全支配着人，也是错误。近来常有人说到'历史的必然性'和'潮流必须顺应'一类的话，不止当看法说，更当金科玉律说，显然是犯了后一种错误"。

十八

错而不自知，错而无人指谬，错而自信满满，便如盲人瞎马夜半临池。这段历史还不远，白纸黑字在案，检索方便，无须多言。说起来，人类已有高科技全套武装，基因能编辑，火星可取物，似乎无所不能。事实上，一种病毒及变异毒株，轻易就把人类打回原形，只顾求生。正如潘先生当年所说："我们窥见了宇宙的底蕴，却不认得自己；我们驾驭了原子中间的力量，却控制不了自己的七情六欲；我们夸着大口说'征服'了自然，却管理不了自己的行为，把握不了自己的命运。"

如今，这话像是先知预言。

像预言的文字，《潘光旦文集》中还有不少。比如：

"教育没有教一般人做人，更没有教有聪明智慧的人做士，没有教大家见利思义，安不忘危，没有教我们择善固执，矢志不渝，也没有教我们谅解别人的立场而收分工合作之效。我以为近代的教育不知做人造士为何物，是错了的，错了，应知忏悔。"

这段文字，潘先生写于 1936 年。迄今为止，不知谁听过应有的忏悔？

另有一段文字，说起教师：

> 最可痛心的不是师道本身的扫地，而其所以扫地之故即在榜样论的不复讲求，而忝为人师的人也不复以好榜样自勉自居。师不过是一个教员，不过是一个教书匠，与百业的员司匠工根本上没有分别。他最多也不过是一个专家，于专门智识的传授与间或替毕业的学生找寻职业的出路以外，别无责任。

这也是潘先生 1936 年写下的文字。今天重读，新鲜如初。

十九

买过一本旧书，潘先生翻译的《赫胥黎自由教育论》，是商务印书馆"新中学文库"中的一册。版权页注明：中华民国三十五年三月重庆初版，三十五年九月上海初版，三十六年三月上海再版。一年内三个版本，说明读者欢迎。

读者喜欢的，有赫胥黎的学说，也有潘先生的译笔。该书封面印"赫胥黎著，潘光旦译"，扉页则是"Aldous Huxley原著，潘光旦译述"。比较而言，扉页表达更准确，更合乎实际。

《铁螺山房诗草》编印成册、正式出版时，潘先生的女儿潘乃穟、潘乃穆、潘乃穌、潘乃谷四姐妹，逐一列名于潘先生生平文字之末，以示郑重。该书所附"潘光旦先生主要著作目录"中，凡属译著，如《性的教育》《性的道德》《性心理学》《赫胥黎自由教育论》《家族、私产和国家的起源》《人类的由来》等，都标"译注"，可知家人主张，亦可见潘先生翻译特色。

潘先生思想和文字水准高，译事自我要求高，业界资望也高。胡起望教授记忆中，"看见新华社等单位常送来英文译稿，请他做最后的校正"。他听过潘先生谈"信达雅"的不易——如丈夫对妻子的称呼，汉语中有"妻子、夫人、太太、内人、家里的、孩子他妈、内当家的、拙荆、爱人等等，人是同一个，什么场合用什么称呼却大有讲究，用得不妥当，会闹笑话"。

潘先生的英语涵养，早在他成为知名学者之前就有所表露。1923年到1935年，潘先生发表的英文文章和书评即编成八百多页的一部文集。

在学科细分的年代里，他确定了百科全书式的治学方法。

在民族国家的时代里，他提出了超越种族、国家概念的位育学说。

在知识分子群体左转的年代里，他保持充沛理性和中道立场，不激不随。

二十

1987年，民盟中央开会，追思曾昭抡、潘光旦二位先生。张毕来先生回忆说，有一次，他和潘先生说起学界译风艰涩，《反杜林论》（旧译本）实在看不懂。潘先生告诉他，自己已把恩格斯的《家族、私产和国家的起源》译了出来，张先生期待先睹为快。他认为，凭潘先生的语言修养和对家庭问题的深湛研究，在国内应属首屈一指，期待尽快出版。可是，潘先生1951年7月间译竣此书，1999年才第一次有了正式出版机会。

有篇文章说到过此事源起。1951年初夏，沪江大学社会学系主任张春江教授赴京开会，和同事一起拜访潘光旦先生。潘先生在家中会客室兼书房接待客人，说起"毛主席在新中国建国之初曾约见他，对他说他不满意前人所译的恩格斯著作《家庭私有财产及国家的起源》，请他重译。潘先生欣然承诺，以信达雅的译笔翻译成书，改名《家族、私产与国家的起源》"。这件事，写在《狂言惊座敢先传》一文，见《潘光旦先生百年诞辰纪念文集》。

想在潘先生日记中找到此事记录。可惜《潘光旦日记》中1951年至1960年是长达十年的空白。查《毛泽东年谱》相应时段的内容，也未能见到记载。

从人品说，潘先生不会编造此事。依常理想，张春江也不至于凭空杜撰。此事应可信，但作为孤证，尚待旁证。在目前可见的潘先生日记中，1949年9月25日，他"得间阅 Engels《家族之起源》"。1949年10月6日，他"至东四某新书店购苏联外文局印行之恩格斯《家庭、私产及国家起源论》"。12月20日，"着手译恩氏《家族之起源》一书"。12月21日，"续译《家族之起源》"。1950年1月6日，"开始译《家族之起源》恩氏第四版自序"。1月12日，"结束恩氏第四版自序"……这些记载，或与毛泽东所约译事见合。

二十一

1996年，《老照片》第一辑发表了一幅非同寻常的照片，是毛泽东和潘光旦会场交谈的场景。二人皆立，潘先生是正侧面，笑着，在说。毛主席是背侧面，略颔首，在听。

该图配文说：

1951 年 10 月 23 日至 11 月 1 日，中国人民政治协商会议第一届第三次会议在北京举行。会议休息时，毛泽东主席从主席台上下来，与政务院文化教育委员潘光旦交谈。潘光旦上大学时因体育事故，断了一条腿，行走不便。大概是休息时毛泽东见其他人均离席走动，唯潘光旦端坐未起，故特加顾问。毛泽东与别人在一起时的照片，大都位置显要，很"露"脸，而这一张，却是个背影，且站在一旁。潘光旦委员情绪饱满，谈锋正健，案几上摞着文件，左手中的烟斗似乎还有余热。建国伊始，知识分子心情舒畅、欲展抱负的情态跃然其间。同时，我们从领袖谦恭的背影里，也不难看出国家爱惜人才、重用人才的殷殷之情。

对此，潘先生早有关切。1949 年 9 月 8 日，储安平主持的观察社寄给他版税八千元，是其所著《政学罪言》和《优生原理》两书所得。潘先生说："前者于今日通行之政治理论，后者于行将流行之生物哲学，均有评论，余将以二书之流行程度觇前途学术自由之境界。"

潘先生日记记得清楚，9 月 16 日，他为"政局蜕变后"王佐良教职的续聘问题作个人劝谏。9 月 17 日，他"出席共产党支部召开之集会……午后续阅《联共党史》

数十页"。9月18日，他念叨"为国家服务之机会"。11月13日，他留意"时代精神之反映"。12月4日，他记录了"此种会议……人人参加，而人人敷衍客气，满口马列八股"。"觇"的结果，他对未来已有预感。

二十二

1949年，潘先生读《联共党史》。1950年，他开始翻译恩格斯《家族之起源》。1952年，他和全慰天联名的著作《苏南土地改革访问记》出版，都是在适应政权更替后的需要。

当时席卷大陆的知识分子思想改造运动，或在潘先生预料内，但运动的性质、规模、力度还是远远超出了他的想象。一次次检讨，坦诚有加，辛苦备至，却总是过不了关。

想看看潘先生自己对那段时间的经历的记录，却无门径。如前述，他的日记中，1951年到1960年是空白。是没有写，还是不宜公开？请教了该书责任编辑，得告"问过乃穆和乃和老师，她们都说出版的日记就是现有全部保存资料，那个阶段因为各种动荡，也许记了但未得保存"。

记了，未得保存，是潘先生另一部分日记的真实命运，不是"也许"。潘先生于"文革"初期被迫害致死后，女儿们处理遗物，潘乃穆教授说："最关重要而又最难以存放的是父亲昆明西南联大时期的一套日记以及家中历来存有的一盒照片。我和乃穟家……都还有随时被抄家的可能，……走投无路之下，我们痛心地亲手销毁了这些东西，那套在抗日战争中昆明乡间夜晚的烛光之下用毛笔写在毛边纸上的日记，就此湮灭，永不复返。"

写到这里，心重如铅。

二十三

1952 年，中国大陆改造知识分子的同时，参照苏联模式改造高等教育体系，决意作院系调整，社会学学科被取消，潘先生转到中央民族学院，任研究部中南组主任。1953 年，他接受一项任务，研究"土家"相关问题。他查阅大量史书和志书，写出 1359 张卡片和长文《湘西北的"土家"与古代的巴人》。这篇论文约 15 万字，确认土家族具有悠久历史，是古代巴人后裔的一支，应该是个单一民族。为此，1956 年五六月间，潘先生去当地作实地调查，历时 42 天，访问了吉首、凤凰、花园（垣）、古丈、保靖、永顺、龙山七县，写出《访问湘西北"土家"报告》和《关于"土家"问题的调查报告》，为中央政府在当年 10 月确认土家族为单一少数民族提供了科学论证。

1956 年 11 月到 1957 年 1 月，潘先生作后续调查，这次去的是川东南、鄂西南一带的武陵山区。张祖道是他在西南联大时期的学生，时任《新观察》杂志记者，他作

162

为摄影记者随行，拍照片，写日记，留下珍贵记录。他说潘先生"凭双拐行走，双目又高度近视，但他硬是凭着超人的毅力，坚持行进在川鄂地区峰峦叠嶂、江绕溪盘的调查一线"。

如今立在酉阳县城的一尊潘先生雕像，是张祖道笔下潘先生当年艰辛工作的写照。嘴上的烟斗断掉了，目光不离远山。那里的乡亲还记得潘先生。

1991年，潘先生的女儿潘乃谷教授访问吉首、永顺、恩施和酉阳，见到了1956年接待、陪同潘先生的当地老人，感受到他们对其父亲的崇敬和怀念。他们说："我们大家都了解，土家族的被承认，没有党的民族政策不行，没有专家的论证不行。潘先生的文章很有分量……他是看准了的，即使那时有不同意见的人对他压力很大，但他能顶住压力，坚持自己的研究结论。……土家族的百姓很怀念他，因为他为我们受了罪。"

二十四

潘先生研究土家族课题的故事，张祖道借助日记方式，详实记录于《1956，潘光旦调查行脚》一书中。65天中，"千山万壑望不尽，峰峦叠嶂数不完，江绕溪盘惟鸟道"，"先生右腿抱残，凭双拐行走，步履艰难"，每时每刻都在艰辛中度过，还时常遇上特殊困境，如涉险过峡、

"绞滩"行船、"冒雹"上路……

关于潘先生失去半条右腿，他自己写文章说过，他人写他的文章和书也会说起，却多是语焉不详，包括梅贻宝写的《清华与我》一文所说。

1957年1月14日晨，潘先生在实地调查途中不慎一氧化碳中毒，头痛不已，右腿也因雹、雪天气有反应，感到酸痛。助手为他捏腿按摩时，他说起当年往事，助手详细记录如下——

潘先生说：

有一次跳高，跳过横杆，右脚落地时，突然觉得触了一下，有点痛，并没有在意，照常运动。可是几天以后，右膝盖处越来越痛，渐渐肿起来，拖到受不了的时候，才去找医生给了些药，到后来知道是感染了结核菌，延误了时间，只好采取锯腿的下策了。锯腿后，没有多久，又肿，又做手术，刮除腐肉，像这样肿了就刮的做了两次，到后来，又做了一次，那是因为第一次做手术锯腿时，没有计算好，等到肿腐终于治好后，发现腿骨留长了。一次病，开四刀……耽误了学习，清华学校中等科四年、高等科三年，我花了九年。

说过这段往事，潘先生还讲了"少一条腿也少一点麻烦的故事"。

西南联大时期，潘先生和家人起初住在昆明翠湖边的学士巷，后迁居西郊大河埂，同时有一间西仓坡清华办事处的宿舍。当时他的次女在呈贡读高小，需住这间宿舍，可是只有一张木板床，难以安置。潘先生说："那时，抗日战争已经进行到第五年，生活艰苦，只有一切从简，随遇而安。我看老二才 11 岁，身躯不是太高，就想出一个办法。要她和我睡一个床，一人睡一头，她睡在我右腿的空当处，还绰绰有余，就这样解决了问题。"

二十五

潘先生的故事还有很多。

如居家，和爬上肩的女儿嬉戏，教她们毛笔字，"身体坐正，笔杆垂直对准鼻尖，写大字时要提手，胳膊肘不得支桌子。……磨墨的规矩是顺时针圈平推，磨剩的一段应始终保持整齐的平面而不可呈斜面或弧面"。

如外出，和林语堂同游皖南（1933），"雅爱就舟中宿"，力主在新安江上就枕于船。和费孝通等同访鸡足山（1943），独腿骑马，泛舟洱海，又言志，愿带上心爱的书"放游太湖，随到随宿，逢景玩景。船里可以容得下两三便榻，有友人来便在湖心月下，作终宵谈"。

如家教，收获季节，女儿们"喜欢在田里玩，跟在收割的行列后捉蚂蚱（蝗虫）和拣掉下的稻穗，拣稻穗的事被父亲严厉禁止。他说那是社会留给孤寡老人的唯一的东西，别人不可以去拿"。

如读书，他视力不好，最差时"眼睛几乎贴于纸面，小孩子们看见了说他在'闻书''舔书'"。

如著译，"必定要亲自把全稿整整齐齐地用中国的传统款式分装成册，藏入一个红木的书匣里，搁在案头。养神的时候，就用手摸摸这个木匣，目半闭，洋洋自得，流露出一种知我者谁的神气"。

如求生，在巨大的政治冲击中，他命悬一线，好友叶笃义说："潘先生对我讲他是三个 S 的政策。第一个 S 是（submit）服从，第二个 S 是 sustain（坚持），第三个 S 是 survive（生存）。"

如辞世，因"每日劳改，不因其残废而宽待。……因坐地劳动受寒，膀胱发炎，缺医无药，竟至不起"。临终，他向身边的学生费孝通要止痛片，没有，要安眠药，也没有。他最后残存的一丝丝安慰和温暖，是被爱徒费先生拥在怀中，告别人世。

费先生"日夕旁侍，无力拯援，凄风惨雨，徒呼奈何"。

一世斯文，如此涂炭，太过沉重，不忍再写。

祈祷上苍：愿潘先生魂归当年大河埂 133 号，魂归铁螺山房。

主要参考文献

潘光旦:《政学罪言》,上海观察社,1945。

潘光旦:《铁螺山房诗草》,群言出版社,1992。

费孝通:《逝者如斯》,苏州大学出版社,1993。

潘乃谷、潘乃和选编《潘光旦选集》,光明日报出版社,1999。

陈理、郭卫平、王庆仁主编《潘光旦先生百年诞辰纪念文集》,中央民族大学出版社,2000。

张祖道:《1956,潘光旦调查行脚》,商务印书馆,2024。

张荫麟：文星收敛了未曾吐尽的光芒

　　民国年间，学界有颗彗星，名张荫麟，兼善文史哲。顾颉刚编写《古史辨》系列书，他写文章参与"古史辨"论战。郭沫若翻译《浮士德》，他驳正其误译。贺麟译《黑格尔学术》，他谈对黑格尔哲学的见解。得吴宓鼓励，他用七言古诗文体译外国长诗。梁启超演讲，他写信质疑。梁启超去世，"全国报章杂志纪念追悼他的文章寂然无闻，独有荫麟由美国写了一篇《史学家的梁任公先生》寄给天津《大公报·文学副刊》发表"。

一

　　张荫麟笔名素痴，广东东莞人，出生于书香人家，早年受到严格的旧学训练。举凡四书、五经、三传、史汉、通鉴、诸子书、古文辞，皆熟读成诵。他十八岁毕业于省立第二中学，考入清华学堂中等科三年级。

张荫麟读中等科，贺麟与其同校。贺麟记忆中，张荫麟天天埋头读书，其他同学在体育馆和操场上的时间，他总在图书馆里，"一个清瘦而如饥似渴地在图书馆里钻研的青年"。

贺麟高出张荫麟三个年级，他们有共同的兴趣——听梁启超的中国文化史讲演。

某晚讲演班上，梁启超在演讲中从衣袋里取出一封信，问在场者有没有张荫麟，是哪一位。他拿着的信，是张荫麟写的，信中质问梁启超前次演讲中的某个问题。梁启超要在讲台上当众答复他。

张荫麟当即起立向梁启超致敬。贺麟在场。

梁启超或是要借答复问题认识一下张荫麟。他此前已读过张荫麟发表在《学衡》杂志上的一篇文章，文章批评了梁启超对老子的考证。其时张荫麟不足十八岁，挑战梁启超"老子出生"说，引经据典，考辨精细，凿凿有据。梁启超惊叹"此天才也"，要勉励他全心治学。

清华六年，张荫麟躬逢多位大师。梁启超之外，其中国文学受教于王国维，西方文学受教于吴宓。他潜心向学，卓然成识，文史淹博，文气清迈。依贺麟说法，张荫麟的文章"没有章太炎的晦涩，没有梁任公的堆砌，没有章士钊的生硬，而另具有独特的风格"。

贺麟认定张荫麟不凡，特地托与张荫麟同寝室的一个同学介绍他们相识，由此结下"二麟"之间的终身友谊。

贺麟出国留学时，"二麟"握别。张荫麟以"埋头学问，少写肤浅的文章发表"相劝勉，痛切地说："没有学问的人，到处都要受人轻视的。"

贺麟后来写怀念文章说：

> 他说这话的声音姿态，我都仿佛记得如昨日事。他这话诉诸人的自尊心，鞭策着我，使我几年在外国，不敢不在学问上多努力。
>
> 我后来之得免于堕落，在学问上能摸着一点门径，我不能不感谢他所给我的真挚的友情和剀直的劝勉。

二

张荫麟在美国读书时，自称"居西美一僻乡，与世隔绝，真成韬隐"。

他写信给友人张其昀说："国史为弟志业，年来治哲学治社会学，无非为此种工作之预备。从哲学冀得超放之博观与方法之自觉，从社会学冀明人事之理法。"

为治国史而专修哲学，以广视野、得方法，再读社会学，以明人情，这种准备功夫，实不多见。大器之象，隐约可期。

留学期间，张荫麟每月可以领取到清华大学从庚子赔款中拨付的 80 美元生活费。为能省些钱供养在国内的弟弟读书，他十分节俭。除了自己动手做饭，从餐费中省钱，买书也只去旧书店，省钱之外，还能淘到一些普通书店里难找的资料。

他留意中外关系史，在旧书摊上买到过英国参赞写的《甲午之役》。

张荫麟博览群书，转益多师。"选习的课程异常繁重，而他平日的生活却又异常孤寂。""他做学问时，喜欢先广泛收集大量资料，比较各个学派的得失，然后再提出自己的看法。"

英国历史学家爱德华·吉本所著《罗马帝国的兴衰》一书，"对荫麟的历史观和写作风格都有很大影响"。

张荫麟留学时，杜威的实用主义在美国大行其道，风头很盛。张荫麟在其博士论文《莫尔和杜威的哲学思想比较》中，对杜威的实用主义作了批评。其不随大流、独立思考的气质延续其一生的治学过程中。

当年张荫麟乘克里夫兰总统轮赴美求学，同船者有百多位中国留学生，去习哲学者仅有他和谢幼伟，两人结下同道之谊。此后南北东西，天各一方。至张荫麟离世前两年，他们重聚于遵义，在浙江大学共事。"有时是天天见面，最低限度，每星期必有一二次的会面。……什么都谈，国家大事，人物品评，无一不可。"

谢幼伟钦佩张荫麟的学问，曾说：

> 今日学人只能专治一门学科，或只是一门中的某一部，能兼治两门学科的已少，至三门四门的，更少之又少。即今有之，也只能达到比常识稍高的境界。张君不然。张君的专门学科至少有四门，就是史学、国学、哲学、社会学。对于这些科目，张君的成就，都可以和任何一门的专家相抗衡。他教授的科目，虽是以史学为主，可是治国学和治哲学的先生们没有一个敢轻视他。

三

1933 年，张荫麟学成归国。年底，陈寅恪收到他写的信，言已归，希望治史学。

次日，陈寅恪致函傅斯年，推荐张荫麟："张君为清华近年学生品学俱佳者中之第一人，弟尝谓庚子赔款之成绩，或即在此人之身也。……其人记诵博洽而思想有条理，若以之担任中国通史课，恐现今无更较渠适宜之人。若史语所能罗致之，则必为将来最有希望之人才，弟敢书具保证者，盖不同寻常介绍友人之类也。"

傅斯年似有苦衷，在陈氏该函末批语曰："此事现在以史语所之经费问题似谈不到，然北大已竭力聘请之矣。"

为谋治史职位，张荫麟亦有信致其师吴宓。

中山图书馆藏容庚档案中有叶崇智致容庚信曰："张事今探悉，清华当局及申府先生态度均极愿其来。……哲学系现亟需如张者一人，非为目前计，盖切望张久留于此也。"

当时的《国立清华大学教师服务及待遇规程》说："本大学专任讲师之月薪，自 160 元起，至 280 元止。其增薪之年限及多寡，视其于所任学科之学术成绩定之。"

张荫麟确定回母校清华任教。1934 年春，他在历史、哲学两系当专任讲师，同时在北大兼授"历史哲学"课程。

叶崇智信中言，张荫麟月薪标准自任教之日起即为 280 元。

此后应是张荫麟心情较舒畅的一段日子。贺麟说，那时张荫麟最喜欢与学生接近，"常招待学生在茶馆喝茶或点心铺喝豆浆。无聊时，且常喜与助教谈笑，一点也不知道摆教授的架子"。

受聘清华当年，张荫麟加入了吴晗、梁方仲、汤象龙等发起的史学研究会，又与容庚、容肇祖、商承祚、徐中舒等发起成立金石学会，与容庚、顾颉刚、洪业、容肇祖等创办《大公报·史地周刊》，称"我们的野心是以兴味的甘饵引起一般人对于史地，尤其是本国史地的注意"。是年，张荫麟与钱锺书相识，与张岱年订交，与钱穆引为同道。

　　1935 年初，经傅斯年推荐，张荫麟受聘于教育部，负责编撰高中、初中、高小的历史教科书，由是开启了其学术生涯中最耀眼的一个时期。其精心治史的集大成之作《中国史纲》即因此而动笔。

四

　　张荫麟写国史，初衷可作多层次观察。

　　最表层，是不满于当时的教材。小学里的国史，从三皇五帝到宋元明清讲过一遍。初中又有一套教材，把这段历史再讲一遍。高中阶段，还是这一套，再三。及至大学，再四。

　　张荫麟说：

　　　　这就像四枚镜子，虽有大小之分，显出的内容却一模一样。学生被迫重温再温三复斯卷，且是一套可厌倦的、杂凑的、机械的史实。人名地名数量之多，使人懒于翻阅，疲于记忆，实在是浪费精力，荒废青春。这弊端须作根本改变。

　　进一层，"为学贵自辟，莫依门户侧"。20 世纪最初几年，章太炎首倡设计新通史，并发表《中国通史例略》。

梁启超随即响应，提出通史新体例的设想，且作尝试。自章梁开风气，到三四十年代，中国通史教材的编著蔚然成风。张荫麟动笔《中国史纲》时，已有不下三四十种，却如顾颉刚所云，"中国通史的写作，到今日为止出版的书虽然不少……多属千篇一律，彼此抄袭……条列史实，缺乏见解"。张荫麟欲自辟蹊径，别开生面。

再进一层，张荫麟治史多年，纵其天分，用其苦功，"博观"与"方法"已高度自觉。他要融会前人成果，结合自己玩索所得，以讲故事的方式写史，且不参入考证，不引用前人成文，尽量少用原始文件。同时，"选择少数的节目为主题，给每一所选的节目以相当透彻的叙述，这些节目以外的大事，只概略地涉及以为背景"。在叙事过程中，张荫麟拟兼顾并详实于三个方面，一为社会的变迁，二为思想的贡献，三为若干重大人物的性格。张荫麟的史观与方法，当由其所撰国史集中体现。

更深一层，是其作为史家的使命感。《中国史纲·自序》有言：

> 我们正处于中国有史以来最大的转变关头……旧的一切瑕垢腐秽，正遭受彻底的涤荡剜割。旧的一切光晶健实，正遭受天捶海淬的锻炼……以创造一个赫然在望的新时代。若把读史比于登山，我们正达到分水岭的顶峰，无论回顾与前瞻，都可以得到最广阔的

眼界。这时候，把全部的民族史和它所指向道路，作一鸟瞰，最能给人以开拓心胸的历史的壮观。……在种种新史观的提警之下，写出一部新的中国通史，以供一个民族在空前大转变时期的自知之助，岂不是史家应有之事吗？

张荫麟此言，像是直接对着如今的中国现实和国际局势喊话。问题是，如今的史家可有这般深切的感受、热切的追求、急切的投身及与之相应的史观、史笔、史才、史德以续薪火吗？

五

为学生写出好读的国史，是张荫麟释放其史学、史才、史识、史德能量的火山口。他向清华告假，放弃教职，专心其事。

贺麟说，张荫麟这个时期的生活节奏全以写作为疾徐，寝食以写作为取舍。每写一个段落，总要几晚不睡觉。直至一气呵成，方才休笔。然后才大睡几天，大吃几顿。再就是进城逛书摊，买书籍，找朋友谈笑开心。

贺昌群有回忆文章说：

民国二十一年他回国后，大部分的精力都集中于

176

《中国史纲》。那时我们同在北平，他住清华园，我住城内，我尽我所得，遍买六朝隋唐的书，他也极起劲，专买宋代的诗文史籍，买得难得之书，便彼此欣赏欢快。琉璃厂，隆福寺，宣武门晓市，东安市场，都是我们日常徘徊之地。大约两三星期他总来我家一次，我们时而臧否人伦，时而议论古今得失，多是谈到鸡鸣时分，"清夜沉沉动春酌，灯前细语簪花落"。

名士做派，文人情怀。张弛疾徐间，张荫麟有步骤地推进着计划。

他先把数千年的史事分出数十专题，列出目录，广求意见，反复斟酌，确定格局。后邀请吴晗、千家驹、王芸生等分别撰述相应专题。待文稿齐备，即编为长编，融会贯通，"以通俗明白之文笔，画出四千年来动的历史……使人人能读此书，不但熟习国史，而且能有一个客观的看法"。

张荫麟所说的"通俗明白""人人能读"，可从下面一段文字中领略一二：

　　楚人的生活充满了优游闲适的空气，和北人严肃紧张的态度成为对照。这种差异从他们的神话可以看出。楚国王族的始祖不是胼手胝足的农神，而是飞扬飘纱的火神；楚人想象中的河神不是治水平土的工程师，而是含涕宜笑的美女。楚人神话里，没有人面虎、遍身白毛、手执斧钺的蓐收（上帝的刑神），而有披着荷衣、系着蕙带、张着孔雀盖和翡翠旌的司命（主持命运的神）。适宜楚国的神祇不是牛羊犬豕的腥膻，而是蕙肴兰藉和桂酒椒浆的芳烈；不是苍髯皓首的祝史，而是采衣姣服的巫女。再从文学上看，后来战国时楚人所作的《楚辞》也以委婉的音节、缠绵的情绪、缤纷的辞藻而别于朴素、质直、单调的《诗》三百篇。

六

张荫麟学术生涯的一个重要阶段，是清华求学时光。用贺麟的话说，"最堪回忆"。

他学力强盛，才思敏捷，再加勤习精进，未及三年，已可自如阅览英国典籍，翻译英诗。其译笔之典雅，深受恩师吴宓的嘉许。同时，他还在《学衡》《清华学报》《燕京学报》《东方杂志》《大公报·文学副刊》频繁发表文章，年方弱冠，名动学界。

1926 年夏，张荫麟父亲去世。作为家中长子，为缓解经济困难，他在卖文之余去城里兼课。学生中有知名学者伦明之女，芳名伦慧珠，引发了张荫麟强烈的爱慕之情。伦小姐对他的热切追求未表接受，张荫麟为此倍感痛苦。好友容庚力劝，警告他"勿再迷恋"。

1929 年秋，张荫麟毕业，入美国斯坦福大学读哲学、社会学。1930 年 1 月 2 日，他写信给容庚说："去国前蒙兄揭露真相，醒弟迷梦，于弟于珠都是有益，复何所悔恨？珠不知如何？若弟之苦痛，迟早终不免，愈迟则痛愈深，而振拔愈难。今若此已是万幸。近来反思静念，萦系渐除，乃知两年来之苦痛皆由太与社会隔绝，不知处世对人之道，使当初遇珠即存一临深履薄之戒，何致失望？"

有道是求之则失，让之则得，张荫麟的情感渐趋平复时，伦小姐恢复了与其联络。两人情书往还，情感日增。

张荫麟本有五年留学资格，实际四年即返。据贺麟分析，原因之一就是想着早与伦氏完婚。

1933 年冬，张荫麟飘洋过海，在香港上岸。伦小姐专程赴港迎接，两人同轮北上，共抵北平。正所谓"有缘修得同船渡"。

1934 年元旦下午，张荫麟偕伦小姐到贺麟住所拜访。这是"二麟"阔别七年后的重逢。

贺麟在《我所认识的荫麟》一文记述当时情景说："我觉得他身体比前健康，态度比前开展，也比前喜欢说话，而且也学会抽纸烟了。"

贺麟更深的印象是，伦小姐体质很弱，面带愁容，进门即告头痛，"荫麟立即从身边取出药品给她吃。我素来觉得荫麟心思专注在学问上，不善于照顾自己的生活，需要一个善于体贴他看护他的内助。今荫麟反而须得体贴看

179

护他所'死心塌地'爱过的人，养成他勤谨看护、耐烦家庭琐事的能力。这是前此书呆子式的荫麟所绝不能办到的。……我感觉到爱情对于人的品性真有锻炼的作用，真可以收变化气质的功效"。

七

1935 年春，张荫麟与伦慧珠结婚。他们育有一子一女，子张匡，女张华。

婚姻给张荫麟以内助，以照顾，以儿女，却也在多年后成为"他生活上最紧张的一幕、最严重的危机"（贺麟语）。

张荫麟任教于西南联大时，住在昆明的欧美同学会，地处幽僻，很少与同事来往。这种环境，使一位久已仰慕他的容琬小姐（容庚先生之女）得有机会亲近。

据贺麟说，"这位小姐十年来不断地与他有通信及见面的机会，可以说是他的一个忠诚钦仰者。她的文章和译品常经过荫麟精心校改。荫麟历年来所给她的片纸只字，她都当如至宝般珍藏着"。张荫麟对她也有深情。他对贺麟讲这段恋爱经过时，流露出感恩之心，颤抖着声音说，想不到会有这样好的女子来爱自己。遗憾的是，张荫麟已有家室，容小姐也是已订婚之人。好在张荫麟尚能冷静下来，理性对待，他劝她回北平，与未婚夫结婚。

容小姐未走，张荫麟家眷已至。妻子带来了儿女，也带来了她的母亲及其姨侄女。家庭生活一下多出五人，每天柴米油盐、锅碗瓢盆，与张荫麟此前享受的自由恋爱的浪漫生活天地悬殊，难免致其烦躁。加上妻子对张荫麟的行径不无责难，遂致关系紧张。数月内，吵闹达六七次，最甚时，惊动了楼上的冯友兰太太，遂出面调解。

原先"死心塌地"爱过的人竟至如此相向，双方的痛苦可想而知。

伤心的妻子带着与她同来的家人，离开了张荫麟，回到广东。未久，容小姐也离开昆明，去了北平。

妻子反目，儿女远居，容小姐也没了音信。一点积蓄，因家眷往还而耗尽，背地里，冷眼冷语、误解非难，置张荫麟于不义。对此，贺麟表示，"说一句公平话，荫麟始终对伦女士很厚道"，他和容小姐"是真情挚爱的表现，不是普通的淫邪"。但是，事情却无可挽回，张荫麟陷入不小的困境。

钱穆写《八十忆双亲·师友杂忆》，其中有个关于张荫麟的细节。"嗣在昆明，荫麟屡责其妻治膳食不佳。其妻谓，君所交膳食费请各分一半，各自治膳。荫麟无以答，勉允之。夫妻对食，荫麟膳食乃大不如其妻之佳。其妻曰，果如何。荫麟遂愤欲离婚，经友人劝，先分居，荫麟乃一人去遵义。"当时，浙江大学西迁，在遵义落脚。

孙次舟言及张荫麟情爱波折时说："一个天才，他不

181

会琐屑米盐的计划，穿衣住屋的打算。这一些缺陷的补救，只有仰仗于爱情之巨手。如果一个天才未曾得到爱情之助力，这会使人怀疑着如果有了助手，他更伟大一些。如果获得，无端又告消失，这天才便要使人担心着会突然归于毁灭。"

八

张荫麟长于写史，亦关注现实。他在青灯黄卷中钩隐抉微，但并不沉溺其中，也密切关注社会与民生现实，甚或有过更切近现实的想法。

吴宓 1925 年 8 月 6 日日记说："此间一二优秀学生，如张荫麟、陈铨等，亦皆不愿习文史之学，而欲习所谓实际有用之学科，以从事于爱国运动，服务社会。"

1933 年夏，王芸生接手《国闻周报》，在存稿中读到张荫麟所写《中国民族前途的两大障碍物》一文，即特别选出，"编列为第一篇文章"，并写信告诉张荫麟。张荫麟回信给王芸生，引古诗"文字因缘骨肉深"以订交。他编撰《中国史纲》，曾将其所拟目录寄给王芸生，请王芸生写"甲午战后至二十一条交涉"一章，得王芸生慨允。

1936 年初，时局紧张。张荫麟参与了《北平文化界救国会第一次宣言》的签名活动。当年 10 月，"情势更急，冀东叛变，津门倡乱，察北失陷，绥东告警，丰台撤兵，祸患连骈而至，未闻我政府抗议一辞，增援一兵，大惧全国领土，无在不可断送于日人一声恐吓之中"。为此，燕京大学教职员会倡议发表《教授界对时局意见书》，开会三次，张荫麟被推为起草人，由徐炳昶、顾颉刚、冯友兰、钱穆等修改，钱玄同、洪业、沈从文、梁思成、金岳霖、朱光潜等一百零四位知名教授签名后，于10月13日发出。

1941年间，张荫麟写信给王芸生道：

> 贵报迭次郑重提出改良士兵生活之问题，深获我心。弟向认此为当务最急之一，关系抗战根本。……诚因贵报之倡导，使此事得以实现，其造福国家民族以至数百万之战士，宁有涯量。

言及时弊，张荫麟笔端越发痛切——

> 御倭军兴，国家锐意修内治，而积习未蠲，新弊踵起，学士大夫睊顾而莫敢言，或陈古以饰今，或举细以遗大，泛焉无当于治道。君独论曰，修明政治，不外任贤使能、赏功罚罪八字。……又曰：今日之患，莫大于瘫痪。上之意无以贯于下，法令愈下行而愈离其本，损之又损，以至于无。凡所兴作，有形而无神，多耗而少功。居蠹积弊，上之人知之甚明而不能禁，禁之甚严而不能绝。此之谓瘫痪。又曰：为政者必其

身极修治之功，至诚而明，始能导民轨物，而免于非
理之约束。

张荫麟直言"政治瘫痪"的《论修明政治的途径》一
文投书《大公报》，在其病故三日后始见报。王芸生言
"有报章不敢流布而刊之身后者"，即指此事。

九

1940 年 7 月，张荫麟离开昆明，告别西南联大，到
贵州遵义浙江大学任教。其年谱简编说："除了感情波折
外，对清华的待遇不满也是原因之一。"离开之前，他与
贺麟作彻夜谈，表示仍有信心和勇气，并对到浙大后的著
述工作有所筹划。

就职浙大后，张荫麟住在遵义老城石家堡三号第三
层阁楼，据说其"窗前竹树森蔚，湘川在望，据全城登眺
之胜"。

胜境在目，国史在心，教鞭在手，张荫麟开设了"中
国上古史""唐宋史""历史研究法"等三门课程，又与张
其昀一起建立"思想与时代社"，创办《思想与时代》杂
志，以学社为基地，负荷国史编纂工作，刊行"国史长编
丛书"。

其时，张荫麟已患慢性肾炎，本需休养，却要艰苦劳

作。本需治疗，却偏偏缺医少药。加之时局混乱，离异心殇，"国恨家愁和生活艰难到不能一饱的重重忧患中"，张荫麟苦苦撑持，难以振拔。

1941年11月间，张荫麟血压过高，鼻孔流血。是年底，他写信给贺昌群，言其心境之苦："弟年来否塞，至是已极，今后其或庶几转泰乎。……弟经此病，著作之事，一两年内不能谈矣。一两年后，国家又不知何样，思之心瘁！"

贺麟的回忆文章也描述了张荫麟的惨淡："自从他于民国二十九年七月底离开昆明到遵义后，我就没有得着他一封亲切有意趣的信。所接到的两三封……封札之简短潦草，墨迹之苦淡，总令我感得那是精力短绌、神志不旺的征象。"

1942年夏，张荫麟病情转重，便血，住进贵阳中央医院，诊断结果为慢性肾炎。住院期间，病情加剧，"群医束手"。好友张其昀为救其命，到重庆请了一位金姓名医，专车赶往遵义。谁料途中发生车祸，耽搁了四天。10月24日行至一地时，被电话告知，张荫麟已于当日凌晨去世，年仅三十七岁。

孙次舟的追悼文章说，张荫麟"孤单一身，蛰居于城角的一间民房之中。一榻一桌，别无长物，起居饮食，全需自理，这真使他感到无法料理个人的生计了。抑郁孤寂的生活，过渡了将近两年，终于文星失色，在人间收敛了

185

未曾吐尽的光芒"。

据说，张荫麟弥留之际，口诵《庄子·秋水篇》，与病床前诸位学生逐一握手作别，徐徐气绝。

治丧者将其墓选在遵义老城南门外碧云山上天主堂坟地。

张荫麟的学生王省吾说："出殡那一天，风很大，荒山孤坟，倍增凄凉气氛。"

十

张荫麟才高八斗，学富五车，生活中也有很多地方异于常人。

比如，他终日看书，素无娱乐活动，从不看戏看电影，也不看小说。在美国留学时，与同学一道路过影院，别人都乐意进去看，他不看，宁可在外边等到放映结束，一同返校。大病住院时，他向朋友借哲学书。朋友建议病中修养，不宜费神，要看书不妨读小说。他表示从不读小说，看哲学书等于看小说。

张荫麟读书入迷时，不问日夜，不思吃喝。他与吴晗熟，两人在清华园的研究室一墙之隔。吴晗几次去找他，是在沙发上把他摇醒。"原来上一夜全没睡，不知读到什么时候，一迷糊就睡在沙发上了。"

读书多了，张荫麟时常进入深思冥想状态，心游八荒，神归六合。即便在大庭广众中，每有会意，便如老僧入定。

某年，他买了一顶新呢帽，出门做客时丢了。再买一顶鸭舌帽，又丢。从此不戴帽子。

张荫麟结婚第二天，出门拜客，回府时误入隔壁邻居家。见到那家主人，连忙道歉，说"累您久候了"，说得人家莫名其妙。好一阵，张荫麟才明白是自己走错了门。

一次，吴晗登门，见他两手是泥，抟土做假山。问其故，告"朋友送来花圈，用上面的花布置花园，好极妙极"。吴氏更正说，是花篮，不是花圈。张荫麟知道用错了词，嘴上却硬，说："圈与篮虽不同，其为花则一也。"

凡此种种，导致朋友们给张荫麟起了个外号，叫"张文昏公"。他认账，也给朋友起外号，曰"文迂公""文迷公"等，写在人家的书桌及窗户上。

张荫麟常去吴晗处，进门就坐在桌子上，或是斜靠圈椅，两脚翘在桌面。一面大抽纸烟，吐烟圈，弄到满屋烟雾，一面敞开话头，天上地下，死人活人，哲学历史，无所不谈，谈必尽兴，甚至忘记吃饭。

有时，吴晗听得厌倦了，面有难色，张荫麟看到，也觉无趣，却不离去，改动口为动手，拿起笔就替吴晗改文章。

吴晗无可奈何，作有记录，说张荫麟"一把小剪子，一瓶浆糊，贴来贴去不厌烦，搞完就拿去给大公报史地周刊，凭你愿意也罢，不愿意也罢，他全不管。有时被改窜得生气，吵开了，还是不管。我常笑他好为人师，他笑着说去年你假如选我的课，我还不是夫子大人，由得你吵嘴？"

十一

张荫麟著述，出手不凡，写出《中国史纲》一书后，好评纷纷。

熊十力说："荫麟方在盛年，神解卓特，胸怀冲旷，与人无城府，而一相见以心。使天假之年，纵其所至，则其融哲史两方面，而特辟一境地，恢前业而开方来，非荫麟其谁属乎？"

王芸生称："张荫麟是中国学界的一个国宝。……他的中国文学受教于王静庵先生（国维），西洋文学受教于吴雨僧先生（宓）……为梁任公先生所赏识。他不仅文史淹博，哲学素养尤深。"

《中国社会经济史集刊》以编辑部名义曰："君资禀英迈，于文哲诸学靡不窥其奥要，尤邃于史，雅擅为文。生平著述凡百万余言。壮思泉涌，词锋飙发。其文赡，其辞丽，其识精，故其旨远。理致条达，笔端常恒挟情感，誉之者谓新会梁氏以后一人焉。"

张其昀说："《中国史纲》一书是呕心沥血的著作，他常常工作至午夜以后，因此就深伏了病源。本书价值，识者自有公评，即就文字而论，亦用力至勤。世人多惊羡其文笔之粹美，以为胜过一般文学创作，不知其字字珠玑，皆为潜心涵泳几经锤炼而后成。"

张荫麟英年早逝之后，钱锺书《伤张荫麟》诗中说："清晨起读报，失声惊子死。天翻大地覆，波云正谲诡。绝知无佳讯，未忍置不视。赫然阿堵中，子占一角纸。"

陈寅恪写有《挽张荫麟二首》，曰："流辈论才未或先，著书何止牍三千。共谈学术惊河汉，与叙交情忘岁年。"

朱自清《挽张素痴》一诗慨叹："妙岁露头角，真堪张一军。书城成寝馈，笔阵挟风云。勤拾考工绪，精研复性文。淋漓修国史，巨眼几挥斤。"

施蛰存《壬年之冬张荫麟没于遵义校斋越岁方获凶讯在昆明时有游从之雅作诗挽之》："海内张公子，临文不肯休。茂先称博物，平子号工愁。论史书奔马，尊生失解牛。笑谈无适莫，道业在春秋。"施先生诗尾注："余此诗原作喻解牛，朱自清见之曰：误矣，荫麟饕餮饮食无度，起居不节，岂能喻解牛之旨乎。遂改作失解牛。识之以存此一段故事。"

远在昆明的朋友、同道，于 1942 年 12 月 4 日为他开追悼会。郑天挺原来已与岑仲勉约好，同往民政厅交涉公案，因先去参加追悼会，"散会过迟，不及更往民政厅矣"。

梅贻琦日记中说："下午四点校中同人追悼张荫麟君于北门宿舍，到约三十人，致辞者余及冯、雷、吴春晗、吴雨僧（有兔死狐悲之语），最后其令弟略述在浙大临终情形。"

吴宓日记内容较详："下午4—5在本舍中举行张荫麟追悼会。事前宓助诸君布置会场，并代写挽联。会中有宓演说，略谓'兔死狐悲，物伤其类。吾侪与会者，皆为自悼。盖生人各有不能说之隐痛，如宓挽联所暗指是也。……'云云。会毕，募集张荫麟纪念奖学金诸委员，宓为其一。在宓室中开会。"

十二

张荫麟纪念文集中，有一篇题为《被遗忘的个案：张荫麟及其〈中国史纲〉》。文中说起谢幼伟的一篇文章，写于张荫麟"才去世四五年"："这一位天才学者，俗人不必说，即学术界中也许已忘记了他。……在某一时期内，他虽曾惊动我国的学术界，到目前他却很可能为学术界所遗忘。但他是最不应遗忘的一人。"

下笔至此，距谢幼伟先生写这篇文章的时间，又过去了七十多年。遗忘了吗？似乎没有，见过其《中国史纲》近年出的不同版本，不下十余种。清华大学出版社还出版了《张荫麟文集》，180余万字。如此，算是记住了吗？似乎也没有。

惭愧得很，我知张荫麟，也是很晚。知他病故于贵州，便存了念想。见到贵州来客，就打听浙大在黔旧址。

碰到学界朋友，也作请教。还想搜罗点资料，看看浙江大学当年西迁过程，也看看校史对这位史学名家的记载。

凑巧有机会到浙大作（债务问题）实地调查，留意看了校史陈列，大体明白了七十年前的西迁过程。遗憾的是，没有找到张荫麟的踪影。

1937年7月，抗日战争全面爆发。8月间，淞沪会战爆发，危及杭州。一个月后，浙大校长竺可桢到天目山禅源寺，与妙定方丈说妥，租下寺院的闲置房屋，作新生教学、生活之用。晨钟暮鼓，倒也相宜。

不久，炮火又近，浙大再迁建德。又不久，杭州失守，全校师生别建德，往江西。先到吉安，后将校址设在泰和。1938年夏，日军攻占九江。浙大继续西迁，暂时安家广西宜山（今河池宜州）。1939年初，宜山遭轰炸。浙大校史展上一幅"宜山标营校舍被炸后之情形"的照片上，断壁残垣，满目焦土。学校又迁，最终落脚在贵州遵义和湄潭。

张荫麟短暂生命的最后两年多，就在浙大的贵州时期度过。

十三

就浙大教职后，张荫麟的工作条件比昆明时期明显改善。"校长竺可桢和他趣味相投，见面时常讨论中国的人口、农业和科技问题。他工作认真，很受文学院院长梅光迪的器重。史地系主任张其昀是他老朋友。谢幼伟这时也转到遵义讲授哲学，二人在浙大重逢，喜出望外，课余一起聊天，从西方哲学到国家大事，无所不谈。"

在这样的环境中，张荫麟的著述亦为陈寅恪、吴宓、钱穆、钱钟书、熊十力、冯友兰、王芸生等时贤关注。

实地调查中，细察浙大校史专册，其中"名师大家"栏下有姜亮夫、夏承焘等，"文化名人"栏有邵漂萍、常书鸿等，却不见张荫麟。言及《思想与时代》杂志时，也仅说张其昀，未提张荫麟。而张其昀本人倒是在张荫麟逝世后的悼文中说起当年"我们拟纠合同志，组织学社，创办刊物"的秉烛夜谈，怀念"荫麟兄发起期刊"之功。

曾在贵州湄潭的浙江大学西迁校址陈列展示中见到过张荫麟的名字，何以校本部却踪迹全无？不知是无意遗漏，还是有意按下不表。

20世纪三四十年代，张荫麟在学界独步一时，其学术生涯最后归于浙大，以命付之。如今，在这所名校，史家张荫麟失记于史。张其昀先生今若健在，浏览校史展览，披阅专册，不见故友，不知会作何感想。

当然，依张荫麟平素为人行事风范，他或不会计较。

贺麟曾记张荫麟一事——

记得有一次梁任公讲《文史学家之修养》一题，

192

还是荫麟和我共同作笔记，联名发表的。但他决不愿意拜访人。直到民国十五年的初夏，我才第一次陪着他去拜谒梁任公。梁先生异常欢喜，勉励有加，当面称赞他"有作学者的资格"。但此后两三年中，他却从未再去谒见过梁任公。他很想请梁任公写字作纪念，也终于没有去请。所以当时许多清华同学，都得着有梁任公手书的对联或条幅，而他竟未得只字。他对他所最向往追踪的人，形迹尚如此疏简，则他之不理会一般人的态度，可以想见了。

主要参考文献

吴宓：《吴宓日记》第八册，生活·读书·新知三联书店，1998。

［美］陈润成、李欣荣编《天才的史学家：追忆张荫麟》，清华大学出版社，2009。

［美］陈润成、李欣荣编《张荫麟全集》，清华大学出版社，2013。

郑天挺著，俞国林点校《郑天挺西南联大日记》，中华书局，2018。

梅贻琦著，黄延复、王小宁整理《梅贻琦西南联大日记》，中华书局，2018。

徐铸成:"心急火燎似的想写点什么"

　　1980年代中期,得时霖兄引见,曾拜见其祖父徐铸成老先生(以下简称"铸老")。见面时间、地点已淡忘,至今印象深刻的,是听他说亲历往事。其中主角士农工商五行八作,多是并世闻人。

　　仅就政界说,国内,铸老和毛泽东、周恩来有过晤谈,和蒋宋孔陈都打过交道,与汪精卫多次对话,和蒋经国交情不浅,也曾和溥仪、郑孝胥有一面之缘。国外,见过赫鲁晓夫、莫洛托夫、马林科夫、金日成、胡志明……铸老是"新闻记者",说起这些经历,出于职业习惯,都留有记录。记录的目的,是为"从中觅取一些现代史的片段资料"。

　　记者有历史感,难能可贵。由人而史,新闻与历史相通。史书上隐身的某些重大历史事件，当年的新闻纸上每有记载。

对铸老大名，早有耳闻，形象大体类于"报人"。生活·读书·新知三联书店版《徐铸成回忆录》有编者前言，说他是"著名的记者、新闻评论家和新闻学家"。辽宁教育出版社版《旧闻杂忆》有出版者弁言，说他是"我国著名的报人"。有心拜见铸老，大概也是冲着这名声去的。听他说故事，看他的文字，则觉其关怀、见识、交游、事功十足开阔、高远、远超报人所限。

十多年前，遵时霖兄嘱，参与铸老系列作品的一些初编事务，相对集中地读其文章，体悟其见地，渐有认知。单以"报人"看铸老，似乎有点小了。以"真人"看铸老，或更真切。报人，天下滔滔。报业真人，举世寥寥。数百万言白纸黑字，可证铸老之真。

他笔下是新闻、政论、时评，心底是社会、文化、历史。他崇尚"自由呼吸，昂首做人"，在自由、昂首时节，不舍昼夜，写下三百余万言文字。他在反右派斗争中被错划为"右派分子"，一旦失去自由，无从昂首，他宁肯留下二十年空白，也不作假。直到再获自由，重新昂首，他又握管濡墨，晨钟暮鼓，又留下二百余万言。

空白两端，铸老所握，早年是记事之笔。经二十年"反面教员"岁月，淬成晚年写史之笔。变化之大，沧海桑田。不变而一以贯之者，唯其"真"。

老骥伏枥之际，当年海量交游、见闻啸聚笔端。《杜月笙正传》《哈同外传》可见个人史，《报海旧闻》《风雨故人》可通群体史，《旧闻杂忆》《徐铸成回忆录》可窥国史。铸老以一生之心力，以"真"为天条，铸造出报人的呈堂证供：新闻是历史的素材，历史是新闻的归宿。

如是报人，迹近史家。

一

铸老之真，其来有自。

早年庭训，每晚听父亲讲解《孟子》。读师范，课上有钱穆、钱基博讲国文。读大学，有钱玄同、朱希祖、刘文典传道授业解惑。四书五经，起点都在正心诚意。学问之间，自有人格因素影响，浸润其中，潜移默化，坐言起行。

数年师范生活，是铸老职业志向的确定时期。课上有钱先生的巍然国史，课外有阅报室的《申报》《时报》《新闻报》……报上有史量才、张季鸾、邵飘萍的道德文章。诵读之间，心摹手追，文章怎么可以写这么好？

读得多了，渐有所悟，优秀的新闻记者，往往有史家学养、志士情怀。他用"崇高"一词描述新闻职业，由衷向往。

铸老初入新闻界是 1920 年代后期，中国现代报业已有相当进展。一些大报不再满足于时评、专论的形式，其言论姿态和风范可比肩国际知名报纸——每天必刊发社论，紧扣前一天国内外重大新闻，作深度辨析，判断是非曲直，表达报社立场，积极介入舆论形成过程。如张季鸾的文字，"每一篇社论，读者争阅，真可说是万人传诵"。

风靡到这个程度，盖因其民瘼体恤之切，民意表达之真。

张季鸾的文章，成了铸老的师法范本。对其思维方法、推论路径、编写技巧、言论风采，铸老用心忖度，亦步亦趋，乃至留意张季鸾的工作情境和方式。

"他往往在深夜重要新闻截稿后才开始执笔，编辑室内的繁嚣声和窗外电车汽车的轰鸣，都阻碍不了他的凝神构思、奔放行文，常常是写好一段即裁下付排，最后细细通篇润色，而看来依然通篇畅晓，一气呵成，如同宿构。"

定力如许，来自何处？张季鸾曰："不私、不盲、不卖、不党。"

张季鸾早年留学日本，曾与孙中山、黄兴谋面，有机会参加同盟会，但他自认书生，心仪新闻业，愿以文章报国。为此，决意不入党派，以免言论约束。1909年，于右任创办《民呼日报》，张季鸾入行。1926年，他和吴鼎昌、胡政之合办《大公报》，正式以"四不原则"为标榜。用胡政之的话说，这叫"文人办报，民间舆论，真正超然"。翌年，铸老进《大公报》当记者，深受这一办报原则和立场的影响，身体力行，没齿不忘。

二

　　铸老写社论文字，始于 1933 年前后。彼时民间报纸相当活跃，到处都有练笔机会。他在《大中报》、《大光报》、《大公报》（上海版）历练数年，于 1938 年初加盟《文汇报》，"任主笔，实际负责全部编辑和言论工作"。

　　在报社里，这是唱主角、挑大梁的位置。此后半个多世纪，在中国新闻界，《文汇报》也一直是主角和大梁的角色。时势造人，人亦造时势。没有《文汇报》主笔角色，便没有史上的铸老。没有铸老加盟，《文汇报》或另有面貌。

　　《上海并非孤岛》一文，是铸老主笔的早期社论，写于 1938 年 2 月 1 日。年方而立，笔下已见非凡气象。时值抗战初期，大陆军兴，日方进攻上海失利，改作"政治的进攻"，图谋"不战而屈"。铸老眼见数百万市民以"孤岛"自况，以安逸自处，不由奉告："地球上没有一个真正的孤岛，上海尤其不能和内地脱离关系；四周的巨浪，随时可以把你们吞没；天空的铁鸟，随时会震伤你们的心弦……不应该再这样苟安逸堕；为了你们的子孙，更应该时时有所警惕。"

　　这是唤醒，也是警钟，悲悯且仁慈。

一度，正面战场受挫，献金热潮消退，局势低迷，民意不彰。铸老写《怒吼吧，中国！》："我们不许再说假话。湘北战局，老实说我们打得并不好"，"仅仅一个多月，就让它长驱深入到衡阳近郊"。此时，笔锋转向——问题在前方，根子在后方。"几年来政治上经济上的不长进，严重影响到军事，把大家的锐气全消磨了！"铸老借"天时"说"人事"——"若干低级官员，对上级官员养成一种恶劣习惯，滥用粉饰虚伪的伎俩，谄谀之风盛行，真理几乎泪没，推其结果，政令不能贯彻，贪污由是繁兴……政治效率不彰，弊窦如毛，官民之间，无形中有一道鸿沟。……旷观当世，求一争先赴义、守正不阿者，竟寥若晨星，而唯利是图、冲破道德藩篱、毁弃国家法律的官员，几乎滔滔者天下皆是。"

这是揭露，也是担当，激愤且锐利。

官场如是，问责于谁？对最高当局者，铸老曾赞许其率数百万忠勇将士苦战强敌、逃过亡国难关。1946 年 12月 31 日，《文汇报》以"祝蒋主席寿"为题刊发社论，称其"过去六十年的光阴，大部消耗在操持国事；民国以来，他是当政最久的领袖，以一身历国家安危者近三十年；这样关系重要的人物，在中国近代史上，可以说是绝无仅有的。……一般民众也认为他是领导和平建国最适切的人物"。遗憾的是，"靡不有始，鲜克有终"，失了和平，大打内战。"贪污案层出不穷，国难商到处活跃"，后方纸醉金迷，民众颓丧消沉。

铸老办报是民间立场，民心既失，其言论便不再客气。1984年回忆当年情景，铸老说，"由于我的编辑和言论态度，实际已是'大骂'，引起了蒋的震怒和报馆当局的不满"，他为此和宦乡、柯灵等在《文汇报》发表改版宣言，"严正申明今后的言论方针，是坚守独立的民间报立场，绝不伪装中立，依违两可；一切以人民意旨为意旨，明辨是非，绝不颠倒黑白，屈于权势"。

1948年，蒋氏"双十节"演说词刚刚刊布，《文汇报》随即发声："时局发展到这样严重，军事、政治、经济都弄得一团糟"，"今天一切都是垮台的局面"，"训政二十年，把中国'训'成这个样子，还有什么面目见人！""装腔作势，俨然以'真命天子'自居"。"他自己认为是不世出的英雄，又是承继文武周公、孔子正统的圣人，他的话就是圣经，他的思想就是世界上最完善的图案，他要一统天下……他是天生中国的'领袖'，他的话就是法律……凡有腹诽异议的，就是大逆不道。根据这种想法，他绝不承认是他失尽了人心，而是人心失尽了他。"

这是谴责，也是判决，严正且无畏。

对蒋经国维护金圆券措施的破产，他指为"现世报"。对1948年末张君劢的求和动议，他评为"一厢情愿"。对陈布雷的自尽，他讥为"臣妾之路"。对胡适的身份，他指为"清客""帮闲不帮忙"……冷嘲热讽，嬉笑怒骂。

这一时期的铸老文章，字里行间常有火星四溅。

三

1949 年 10 月 1 日，铸老在天安门城楼见证新政权建立。

他和老友郭春涛"并倚城楼观此盛况"。二人忆及 1928 年，国民党军队"底定"京津，也曾在天安门举行庆典。郭春涛时任二集团军政治部主任，代表冯玉祥作庆典发言。铸老作为新闻记者，参与采访。

二十一年后，地点同，天地覆，民国去。铸老问郭"有何感想"，郭沉吟后说："如蒋不如此倒行逆施，今日亦当为主角欤？"铸老则道："历史人物，往往如此：拼命抓权，排除异己，最后两手空空，成为孤家寡人。"

这是眼前现实，也是中国历史兴衰周期率再次重现。铸老的喟叹，源于他丰富、深入的读史经验。

从"六经皆史"角度，铸老评价说："司马迁是我国古代卓越的史学家、断代史的鼻祖，也是极优秀的新闻工作者。""本纪""世家""列传"，及其正文后的"太史公曰"，在铸老看来，可作"史论"。其中评议文字，是为新闻纸出现后的新闻评论开宗垂范。司马光编写《资治通鉴》，则是开编年史之先河，手编旧闻，心系"资治"。夹叙夹议的"臣光曰"，也是非凡的史论文字。

铸老设想，若像建筑业推崇鲁班那样尊某先人为始祖，新闻业也从历史中确定开山人，司马迁和司马光配享祖师爷之尊。

宗庙既立，同门从业于文字记事者，录其实，守其真，宁入蚕室，直笔不改，垂范后世，渐成传统。承续这传统，须作多方努力。铸老以为，至少有两条应予遵守。"一是忠于事实，秉笔直书；眼光可能有局限，但绝不屈服于权势，颠倒黑白，歪曲事实。二是敢发议论，绝不人云亦云，或哗众取宠。"他说，两条归结为一点，就是对历史负责，对民众负责，保持立言者的良心，坚持正义。

有此心志，铸老择业新闻。有寄托此心志的"不私、不盲、不卖、不党"，铸老驰笔于"大公""文汇"，为报业守则，为生民立命，赢得广泛民望，才有机会"并倚城楼"，见证开国大典的历史现场。

对这一天，铸老曾有瞻望。报社主笔，职责不是预言，无妨局势分析。《文汇报》创刊不久，他就写过一篇社论，告诉民众，西北战场自古就是决定战局胜负的重要地带，如今当地军队身经百战，训练有素，金戈铁马，正和强敌周旋。他借此"暗示中国的希望在西北"，鼓励沦陷区百姓振奋信心。多年后，铸老回忆此事说："那时就看到这一点，并清楚地写出来，作为一个无党无派的新闻记者是要有些远见和胆识的。"

读铸老日记，知其在开国大典"数次泪下，不能自禁"，自认"能身逢三千年未有之盛，已属本事，而能参加此开国盛典，更为非常的荣誉，此种荣誉，应视为中共数十年苦斗所得，而谦让于人分享者"。

面对谦让和分享，铸老大有感慨，记录其中细节。1949年6月22日，他写《文汇报》社论说："中共是新政协的创议者，也是实际的领导者。然而在筹备会的组织中，共产党仅是二十三个单位中的一个，在一百三十四名代表中，共产党仅占七名。而在新政协中，共产党仅是四十五个单位中的一个，在代表总额五百一十名中也只占十六名。……这种真诚的民主作风必然要对全国民主势力发生极大的感召作用与模范作用。"

铸老感动于谦让、分享，是他期待"全国民主势力"经新政权发扬光大。

他曾为民主势力的存续纵横文字，大声呼号。《文汇报》曾因此被国民政府封门。其后不久，南京方面提出复刊条件，铸老当场拒绝："复刊应是无条件的；有条件绝不复刊。"

如今，南京往矣，北平重光。1928年，北京改北平，铸老在城楼。1949年，北平改北京，铸老也在广场。历史在他眼前转了一个圈。眼看起高楼，眼看宴宾客，眼看楼塌了，眼看又起高楼，又宴宾客。

开国大典及筹备事务，铸老和诸多友人都曾亲历。更早点，一批著名民主人士自香港乘船回内地，抵达北平，

203

一路倾谈，他在其中。一人之心，千万人之心。铸老耳闻目睹，在在真切，催生乐观期待。他表示："在报馆言，余当然应以全力求其复兴，恢复其光荣之历史，改正过去之偏狭观念，第一步先把报做好再说。"

四

储安平是铸老故交，当年创办《观察》杂志，也因敢言、直言及其时评、政论深度取信于民，一纸风行，创办不久，销量就超过十万份。《观察》后因其言论触怒当局而被查禁。1949 年 9 月 29 日，储安平告诉铸老："《观察》即将复刊，组织方面大力支持，但恐群众影响难以捉摸。"

储的难处，铸老也有。他当天日记感叹："甚矣，做事之难，余吃亏在不善应付，只知守分做事，毕竟人还是人，总喜欢多请示商量也。《文汇》复刊前后所遭之挫折，此未始非主要原因。故今日私营报刊者，或以《文汇》最难捉摸，其实《文汇》历史及背景最光明，动机良善。"

铸老说起的历史、背景、动机，彼时都属于过去了。逢政权更迭，世局巨变，张澜曾写信给老友鲜英说："须知这不仅仅是政权的变更，而是整个社会的大转变。这里面包括一切文化类型。推想将来，愈是旧式的缙绅之家，愈将感觉动辄得咎，这便须从思想上、生活习惯上、作风上彻底改变。"

天变了，道亦须变。张澜老先生希望"缙绅之家"这一群体意识到变革之剧的心思昭然若揭。思想、习惯、作风的"彻底改变"有否可能，暂存而不论，即便不能，无妨有个准备，以利应变。

这一点，王芸生可谓明白。他表示要"抛弃旧习惯，丢掉旧成见，一切从新学，一切从头干"。但铸老相对迟钝一些，或者说，是他相信过去的办报经验在大变局中仍有空间，虽知观念须改，却未作"彻底"打算。这样，他自然就会不适应现实变化，乃至"瞠目束手"。

《徐铸成回忆录》说，长沙解放前后，《文汇报》有近二十名地下党员，党内消息渠道通畅。解放当天，他们收到确切消息，次日予以发布，本属新闻常态，却"被指为抢新闻，是资产阶级办报作风，因新华社尚未正式公告也"。

还有一事，是刊登《论人民民主专政》。要闻版编辑依照文中所列问题"做分题以醒眉目，亦被指为离经叛道"。像这种重要文件，只准以经典标准郑重排版，岂能自由处理！

经此两事，铸老发现，当时对"老区方式，苏联套套，只能老实学习，不问宣传效果，此为当时必经之'改革'"。数十年办报经验不宜再用，社论也不会写了，盖因"从不惯于人云亦云……舒纸半日，尚未能下笔，辄请平心代劳"。

即便如此，1950 年的《文汇报》销量仍在十万份上下。铸老说，都是读者自费，"没有一份是公费或组织订阅的"。

民间影响大了，自然会受关注。影响越大，关注度越高。1957 年 3 月 10 日，铸老应邀到中南海颐年堂参加新闻出版界座谈会，毛泽东握着他的手说："你们《文汇报》实在办得好……我每天下午起身后，必首先看《文汇报》，然后看《人民日报》，有空，再翻翻别的报纸。"这是铸老回忆录中说的。

这次见面和谈话，毛泽东带着称许，铸老带着困惑。《毛泽东年谱（1949—1976）》记载，会上是受邀者先说，毛泽东后讲。受邀者中，铸老第一个发言，请教说："我们都是旧社会过来的人，马列主义水平很低，对在报纸上开展'双百'方针的宣传，心中无数。怕抓紧了会犯教条主义的错误，抓松了会犯修正主义的错误。请问主席我们该怎么办？"毛泽东回答："你们说自己的马克思主义水平低，在社会主义社会办报心中无数。现在心中无数，慢慢就会有数。……说到办报，共产党不如党外人士。办学、搞出版、科学研究，都是这样。……关于百家争鸣问题，完全学术性的，在报上争来争去不会有影响。至于政策性的，恐怕就要分别一下情况。"

散会后，铸老径往《文汇报》北京办事处，对全体记者复述会上详情。他的心情是"让大家分享我的喜悦和幸福"。不难想见这次会议给予他的鼓舞。

未及百日，局势陡变。6月14日，《人民日报》发表编辑部署名文章《文汇报在一个时期内的资产阶级方向》。7月1日，《人民日报》发表社论《文汇报的资产阶级方向应当批判》。以此为标志，当时党和国家主要领导人对《文汇报》的当众称许，转变为严厉谴责。这一转变中，关键词之一是知识分子。

五

《文汇报》是中国现代报刊史上的一个传奇。

1938年1月25日，《文汇报》在抗日烽火中创刊。创刊人严宝礼慧眼识珠，铸老获邀作总主笔，报纸办得声光日上。铸老曾"步行经过法国公园（今复兴公园），见池塘边、草地假山边之靠椅上，纷纷有人埋头读报"，"一一低首细看，几乎全是看《文汇报》的"。铸老说，他为此"热泪不禁潸然而下"。其时，报社总发行人克明要把《文汇报》办成租界当局的报纸，铸老和大部分同人则力主报纸作"人民的喉舌"，宣扬抗日和民主，"刊出启事，宁为玉碎，决不与克明合作"，终因此于1939年5月31日被迫停刊。

此事在《中国近代现代出版通史》中有记载："1939年5月未全文刊登蒋介石训词，被工部局勒令停刊半月，又因坚拒汪伪的收买，全体员工脱离《文汇报》，该报遂停刊。"

1945年9月5日，日军宣布投降后，《文汇报》复刊，严宝礼再度敦请铸老任总主笔，铸老与其约法三章，要求全权决定编辑部人事，不接受任何政治性质的投资，报馆或记者不得接受任何津贴，以确保民间立场。他重回《文汇报》，和宦乡、陈虞孙、柯灵等一起主持编辑事务，不久就因反对警管区制被罚停刊一周。一年多后，又因铸老拒不接受政府投资、派人而被"勒令永远停刊"。

1949年初，铸老以香港《文汇报》总主笔身份回内地，到上海筹划《文汇报》再复刊事务，踌躇满志，却遇障碍。对此事，生活·读书·新知三联书店版《徐铸成日记》和《徐铸成回忆录》都有记载，都极简略。日记说"《文汇》复刊前后所遭之挫折"，回忆录说"《文汇报》之被歧视"，此外再无笔墨。铸老分析原因，"殆即由予之不善应付"。"余如遇事诺诺，唯唯听命，《文汇报》亦不会有今日。以本性难移，要我俯首就范，盲目听从指挥，宁死亦不甘也。"他期待仍有民间办报的空间。

是否奢望？

夏衍《懒寻旧梦录》（增补本）"迎接新中国的诞生"题下有一段回忆。1949年5月14日凌晨，周恩来在中南海同胡愈之、萨空了等谈新闻工作，表示要请有经验的人出主意。周说："按解放前那样办当然不行，办成解放区那样，读者也会不习惯，达不到教育、宣传的目的。此外，还有一个民办报纸的问题……我们的初步意见是北平、上海这样的地方，还可以保留几家民营报纸。"

看来有望。

铸老为此振奋。即便复刊筹备举步维艰，资金、机器、纸张皆无，他仍劲头十足，用借债办法，从《解放日报》借来设备和纸张，用香港《文汇报》的办法，邀请名家主编专刊。

香港《文汇报》周刊各版，有郭沫若、侯外庐主编"哲学周刊"，茅盾主编"文学周刊"，宋云彬主编"青年周刊"，千家驹主编"经济周刊"，翦伯赞主编"历史周刊"，孙起孟主编"教育周刊"。阵容之强，无人能比。

《文汇报》复刊后，铸老请靳以主编"青年大众"，陈白尘主编"影剧"，米谷主编"人民美术"，中国学术工作者协会上海分会主编"学术界"，上海文艺家协会主编"文学界"，中国科学工作者协会上海分会主编"人民科学"……

铸老和柯灵使出浑身解数，最大程度保持和发扬《文汇报》的传统特色。同时设法和新华社统发稿拉开距离，多发本报记者采写的独家报道。当时《文汇报》新闻版面有四五个，每个版面安排十至二十条新闻，总量相当可观。《人民日报》《解放日报》《新华日报》的新闻都是统发稿，块头很大，数量很少。两相对比，《文汇报》的新闻小巧玲珑，新意迭出，引人瞩目。

《文汇报》从1949年6月21日复刊，到年底半年多的时间里，共刊载新闻和文章14278篇，其中采用新华社电讯稿2450篇，占比17%，其余都是自组稿件。是年10月9日晚，浦熙修告诉铸老："谓报馆有电话给余，报纸已涨过六万，同仁咸甚兴奋。"这是好消息。不过，铸老当天日记也有坏消息，孟某人"始终对《文汇》有成见，此人心地太狭，殊令人难以纳交"。

铸老所在意的光明背景、良善动机，使该报一如既往地吸引着众多中国知识分子。此时，知识分子的身份色彩正随社会鼎革之际发生历史变化，这一变化也迅速反映在《文汇报》版面上。

1950年1月30日，《文汇报》第四版刊登电影《武训传》的义映消息。电影引发的讨论，很快从自由争鸣变为严厉批判，推崇武训精神的陶行知也遭到严厉批评。从后来看，这是一个序幕，知识分子命运从此进入"改造"状态。《文汇报》同知识分子共命运，自然也进入另一时期。

六

1950年3月20日，新闻总署在京召开全国新闻工作会议，铸老代表《文汇报》出席。会间，胡乔木找铸老说，团中央拟办报，希望与他商量。后由廖承志、荣高棠向铸老表示，团中央愿与《文汇报》合办团报。铸老表赞同，要求在报名中保留"文汇"概念，如《青年文汇》，惜未如愿。

1951年10月23日，毛泽东在全国政协一届三次会议开幕式讲话："在我国的文化教育战线和各种知识分子中，根据中央人民政府的方针，广泛地开展了一个自我教育和自我改造的运动，这同样是我国值得庆贺的新气象。"

《文汇报》及时跟进。11月19日，一举发表六篇著名知识分子谈思想改造的文章。华东师大副校长廖世承、复旦大学理学院院长卢于道、圣约翰大学主任潘世滋、交通大学教务长陈大镬、沪江大学副校长蔡尚思、震旦大学教务长杨士达，话题各有侧重，"旧"是共同点。旧社会、旧心理、旧传统、旧科学……"引起可耻心，毛骨悚然"，皆表弃旧图新之愿。

知识分子"悟以往之不谏，知来者之可追"，追到1954年，遇上批俞平伯、批胡适、批胡风运动。此时《文汇报》却显露落伍迹象。这与又一次酝酿《文汇报》停刊直接相关。

据《文汇报六十年大事记》，1954年9月16日，教育部副部长林砺儒和铸老晤谈教育部和《文汇报》合作办报意向。10月1日，文化部副部长钱俊瑞告诉铸老，已通知教育部常务副部长董纯才和他谈合作出报事。1955年4月13日，铸老和严宝礼等赴京与教育部会谈合作办报事。4月28日，铸老报告北京之行经过，要求经理部着手迁京准备工作。5月7日，编委会开会，研究向《教师报》过渡事务。

多年后，铸老回忆说，《文汇报》处于生死关头，内部已是人心惶惶，哪里还有心思去批判别人，只能冷眼旁观了。他甚至为此欣慰——《文汇报》当年没有起劲发批判文章，就少了一笔历史欠债。

1956年4月20日，《文汇报》发表"终刊词"，告诉读者："《教师报》决定5月1日创刊，《文汇报》出版到这一期为止。……《文汇报》创刊于1938年1月，转瞬已历18个寒暑。……结束《文汇报》，参加《教师报》，我们相信这个决定是完全正确的，也是广大读者所共同要求的。……《文汇报》的职工，今后将在《教师报》更加努力工作。"

别了《文汇报》，铸老改任《教师报》总编辑。该报每周出两期。铸老在回忆录中说："我每周只须到馆看稿、审稿四天，其余时间，尽可在家自学，并抽空游览京郊风景。此为我毕生最悠闲自得的时期。"

时任中宣部副部长的姚溱深知老友之心，笑问铸老："一向搞惯日报的人，每周两期的专业报，怎么会使你过瘾？"

时隔不久，铸老到波兰大使馆参加该国国庆酒会，见到《大公报》党委书记常芝青。铸老听常说，中央已决定恢复《文汇报》，应是确信，回家即约钦本立、浦熙修、严宝礼聚谈，当然都很兴奋。几天后，铸老和浦熙修果然被召至中南海，被正式告知"中央已决定恢复《文汇报》，希望即日负责筹备"。

铸老从邓拓那里要来了钦本立做助手，亦采纳邓拓关于多方为知识分子服务的建言，经四次试刊，于10月1日正式复刊。历经曲折，民望仍在，复刊后的《文汇报》，销量迅速超过十万份。

其时正逢"百花齐放，百家争鸣"，有执政党领袖的鼓励，有知识分子的鸣放热诚，复刊后的《文汇报》被时代潮流推向知识分子代言人的角色。为此，铸老不仅视知识分子的文章为宝贵的言论资源，更以"社外编委会"为制度设计，吸引大批著名知识分子参与《文汇报》的策划。其中，北京的编委有夏衍、姚溱、罗列、刘思慕、邵宗汉、袁翰青、周太玄、戴白韬、臧克家、徐盈、彭子冈，上海有赖少其、熊佛西、孔罗荪、唐弢、沈志远、舒新城、傅雷、周煦良、周谷城、王中、罗竹风等。

一个知名媒体，聚来如此人物，加上"泼辣一些，勇敢一些，大胆一些，在文化学术界摆起一个擂台"的肝胆，文化能量不难推想，并在即将到来的1957年得到历史的充分验证。

在当时国际特殊政治背景影响下，这种能量被严重误解了。《文汇报》聚集的知识分子的文化热忱被过度解读，

《文汇报》于是陷入灭顶之灾，铸老自然首当其冲，从此成了"反面教员"，如此履职二十年。

现代中国报界，《文汇报》历史命运的戏剧性独一无二。

七

十年内乱期间，儒家著述成了禁书，《商君书》《韩非子》《荀子》等书则被解禁，"和儒家不搭界的旧史书，大可涉猎"。

铸老得到了重读史书的大好机会，他"以大量时光，消磨在史籍里，主要读了有关南北朝的十部史和《元曲选》"，还有《资治通鉴》《续资治通鉴》等。他钟情于史书，是他深知，后之视今，犹如今之视昔。他从业于新闻，但经历、体验、见证的，是历史，是他有幸参与其中的鲜活册页。

1976年，中国经历一系列重大事件后，结束了十年内乱，社会生活开始重归常轨。大约1977年，铸老看话剧《西安事变》，听到前后左右年轻观众不时私语：张学良是怎样的人物？杨虎城是否为地下党员？宋子文到底是好人还是坏人？端纳又是什么角色？……

另一次，铸老游杭州孤山，拜谒秋瑾墓，见一群青年"远远拥上去看，一个说：'这女人，手拿宝剑，大概是刘胡兰吧。'另一个很有自信地说：'不，刘胡兰没有那么大年龄，装饰也不对。这是黄道婆。'其他几个，马上附和说：'对对，是黄道婆。'"

不同场合，同样的刺激。一位见多识广的老人，面对一群孤陋寡闻的青年，怜其无知，哀其不幸。文化教育遭浩劫，不过二十年，就有了恶果。这恶果不是几个人的事，整整一代人都是这么过来的。他们还会做父母，育儿女，影响到下一代人。

铸老那辈人，是具备常识的一代。他们年轻时，对刚过去四五十年的人物、事件，如曾国藩、李鸿章、康有为等，甲午战争、戊戌政变、八国联军等，即便说不上熟知，大体是了解的。那时候，中小学有历史课，记述往事的文章、笔记也随时可以看到。如今不一样了，对刚过去不久的历史，年轻人就已懵然无知。铸老发愿，该写点东西，留下来，今后的信史，需要现在的真相素材。

笔，已荒疏了二十年。这是铸老之笔，也是中国文人之笔。执笔者，古往今来，代不乏人，左记言，右记事，终成青史。铸老心仪者，远有司马迁、王夫之，近有王韬、梁启超，千年一脉，从"究天人之际，通古今之变，成一家之言"，到"天戴其苍，地履其黄，纵有千古，横有八荒"，感召邹容、张季鸾、邵飘萍、黄远生……奋笔书写，引得铸老倾心追随。

二十年前，铸老写新闻。二十年后，他回顾起伏跌宕

215

的一生，开始记录"旧闻"。《旧闻杂忆》出版时，他写"自序"说，"心急火燎似的想写点什么"。

1979年7月15日，铸老写信给老友罗孚，自况"两年多来，像一旦可以放声高唱的老艺人一样，兴高采烈，埋头写了六十多万字"。

铸老写他人，如《杜月笙正传》《哈同外传》《报人张季鸾先生传》，实事求是，力求神似，"再现其历史的本来面目"，"不以成败论英雄"。铸老写自己，尽量详尽回忆过往事实，少发议论，既不乱涂白粉，也不妄加油彩，功过是非，一任历史评说。

1987年，铸老经历了一次酒后昏厥，系"小中风"。他由此听到上帝警告，有了更强的紧迫感。记忆尚存的经历、见闻、掌故、轶事，还有些一手史料，须赶在无常到来之前尽快写出，留予后人。

八

沉寂二十年，厚积薄发。铸老的晚年写作，引起海内外朋友们的广泛关注。他也怀念当年清流中人，包括前辈。

说起《苏报》案，铸老称邹容、宋教仁"都以言论取祸"，推重其"高贵品质"。祸患加身，不是"惹"，不是"闯"，不是"遭"，而是"取"。取祸，也是取义。一字之选，可见作者心迹。

言及故旧，铸老说："在士林中，我最倾心开明一派人，以夏丏尊、叶圣陶为代表的开明书店的骨干，以及宋云彬、王伯祥等⋯⋯治学，非常朴质；对人，平易近人；嫉恶如仇，追求进步，但绝不盲从，又决不以进步自居。即使是光明，也要寻求究竟，自己去探索，去证实，决不人云亦云。"

沈志远，铸老的老朋友，曾引导他加入民盟，是一个"极少数过分天真的人"。颇有风骨的他，在十年内乱前一年仰药辞世。

历经磨难而幸存于世的朋友，读到铸老晚年文章，及身见史，都是真相，鼓励他多写，快写。他们相信、期待铸老的文字可"补近六十年我国新闻史料之不足，且为我国现代历史保存不少轶闻"。

铸老果然留下不少稀见史料。不听他说，不看他写，年轻一辈很难想象——

"烟台一带，平剧素有根蒂，旧北京剧界，一向视烟台为畏途。"

"孙中山主张从业金融贸易的人不要隶属任何党派，以免国家金融商务受政局变动影响。"

1926年的清华园，梁启超、王国维演讲听者寥寥，钱端升等人时事讲座座无虚席。

国民党"三巨头"待客，蒋介石很少开口，胡汉民滔

217

滔不绝，汪精卫应对如仪。

张作霖曾把中南海开放作为公园，包括慈禧囚禁光绪的瀛台，任人买票游逛。

"北洋军阀盘踞全国的时候，荒淫贪污之徒遍地，独吴佩孚能廉洁自持。"

西安事变中，"耶教徒在祈祷，佛教徒在祈祷，全国的回教徒，也全体为领袖祝祷平安"。

抗战胜利后，重庆国府礼堂举行庆祝晚会，"是晚最主要节目为《群英会》，演至'有请蒋先生'，这位白鼻子小丑蒋干先生在'推推'小锣声中出场，一座轩渠。在座之蒋主席怫然离席而去。……此殆为欢庆胜利声中一小插曲也"。

"据王韬的《漫游随笔》，他在上海看到的平板印刷机，是用牛拖引的。"

从民国到现在，"国内留下来的老报，只此一家"，即《文汇报》。

香港《文汇报》，1948 年铸老创办不到半年，销量接近三万份。1980 年他去香港，还是三四万份。

1947 年《文汇报》被查禁后，陈布雷找铸老谈复刊条件时说："国民党再腐败，二十年天下还能维持。"

……

真实历史具体而微，比寻常史书生动得多。铸老把新闻和历史连接起来，写新闻，述旧闻，看历史在眼前搬演，参与其中，录于纸，存其真，和读者分享，益世醒人，可敬可师。

1987年，《徐铸成回忆录》稿成，他意犹未尽，写绝句明心见性——"胸有是非堪自鉴，事无不可对人言。清夜扪心无愧怍，会将谈笑赴黄泉。"

1991年，铸老作别人世。如今，墓木已拱，真骨可鉴，真言则迄今铮铮，不绝如缕。

"现在中国所受的遭遇，是历史上空前的；若干年后的人，对我们的评价，一定更严格，更深刻。"

铸老把这句话写在1938年2月16日上海《文汇报》社论里。

主要参考文献

徐铸成：《旧闻杂忆》，生活·读书·新知三联书店，2009。

徐铸成：《报人张季鸾先生传》，生活·读书·新知三联书店，2009。

徐铸成：《徐铸成回忆录》（修订版），生活·读书·新知三联书店，2010。

徐铸成：《报海旧闻》，生活·读书·新知三联书店，2010。

徐铸成：《锦绣河山》，生活·读书·新知三联书店，2011。

徐铸成：《海角寄语 金陵旧梦》，生活·读书·新知三联书店，2011。

徐铸成：《新闻丛谈》（增编本），生活·读书·新知三联书店，2011。

徐铸成著，贺越明编《徐铸成新闻评论集》，生活·读书·新知三联书店，2011。

徐铸成著，贺越明编《徐铸成新闻评论二集》，生活·读书·新知三联书店，2011。

徐铸成：《风雨故人》，生活·读书·新知三联书店，2011。

徐铸成：《徐铸成自述：运动档案汇编》，生活·读书·新知三联书店，2012。

徐铸成著，徐时霖整理《徐铸成日记》，生活·读书·新知三联书店，2013。

千家驹：肺腑之言"震撼大会堂"

千家驹出生时的祖屋——浙江省金华市武义县城生姜巷8号——如今还在。

在朋友徐向东的带领下，走到这个院落门前。据说现在居住的几户人家已不是千氏后人。从大门往里看，门楣粉饰剥落，板壁黑黄趋朽，老旧电线错综缠绕，庭内冷落。

就这个院落看，一个时代过去了。

据说，千家驹高祖千永树带领家眷自河南武陟迁至浙江武义，浙江才有了千姓，且属唯一的一家。千姓之家不仅为当地带来了一个稀有的族姓，也为武义养育出一位百年来难有人比肩的文化名家。若从其人生暮年及结局看，其中的知识分子人格与节操，则可谓举国罕见。

一

千家驹降生于 1909 年 10 月 11 日。1999 年 11 月 11 日，他重归故里，来到生姜巷 8 号院落，指着祖屋对乡亲说："左手最里面那间，我就出生在这个房间里。"

据千家驹回忆，他听母亲说过，其祖父是前清秀才，脑筋迂腐，面对时代变迁，常表示"宁愿服三两烟土死在孔夫子庙，也不愿剪去发辫"。《千家驹年谱》说："其祖父千宝仁被 1909 年始建的武义县毓秀女子初等小学堂聘为教员"。

祖父去世那年，千家驹四岁。老先生的"迂腐"还来不及直接影响他。翌年，千家驹入小学读书，已是民国的新学堂。他的启蒙读物已不是《三字经》《百家姓》之类，而是"人、手、足、刀、尺、山、水、田、牛、羊……"据《千家驹年谱》记载，其小学老师王炽康讲过《孟子》和《古文观止》等。千家驹亦听过校长徐耀光讲《论语》，但为之"莫名其妙"。

从小学开始，千家驹接受的主要是新学教育，对新知识、新思潮有特殊的敏感和亲近。曾"作为壶山小学校学生联合会主席……响应五四运动，组织学生游行，宣传抵制日货"。

1921 年，他考入金华第七中学。中学时代成了他思想发生较大转变的一个关键时期。

1925年中，上海发生英国巡捕枪杀上海市民的五卅惨案，强烈刺激了千家驹的爱国情感。此前，他一直埋头读书，发奋求知，心无旁骛。为把英语学扎实，他和几个同学每周都去金华礼拜堂听讲，还去一所教会中学找一位美国校长学英语。五卅惨案发生后，他觉得帝国主义欺侮中国太甚，基督教就是侵略和欺侮中国的工具，决不再去做礼拜，还发起了反基督教运动。政治因素不可避免地介入了千家驹的读书生活。

进步思想的苗头，加上进步书刊的传播，使千家驹当时已经接触到《向导》和《新青年》等报刊。远在法国创办、由留法勤工俭学学生编辑出版的《赤光》刊物，千家驹也能在图书室看到。部分同学中还偷偷流传着孙中山的《三民主义》。千家驹点明了这些书刊流传的时代背景——"这是国内第一次大革命的前夜，国共第一次实行合作"。

他回忆当时说："我在金华先秘密加入了中国国民党，随后又加入中国共产党，成为跨党分子。"《千家驹年谱》说他是"秘密加入中国共产党……成为金华地区第一个中国共产党党员"。

二

1926年，千家驹从金华七中毕业后，到北京投考大学，考入北京大学经济系。

晚年回忆北大生活时，千家驹在不长的篇幅里说的不是学业，而是政治——

> 我考入北京大学后，又参加了北大的共产党地下组织。当时的北京是在奉系军阀张作霖铁蹄统治之下，在 1928 年 3 月一次共青团组织被破坏，我也被捕入狱。在陆军监狱蹲了两个多月。恰好国民革命军北伐胜利，张作霖逃往关外，……国民革命军占领北京后，我经北大文科学长江瀚老先生保释出狱。

据《千家驹年谱》记载："自从被捕释放后，曾闭门埋头读书，不问外事达两年之久。曾用一个学年，旁听了政治系蒋廷黻教授《中国近代外交史》一课，以听史料。受其影响与启发，去借阅北京图书馆道光朝与咸丰朝的《筹办夷务始末》（原始档案材料共数百卷）以及'东印度公司编年史'（英文）等有关资料，后写《东印度公司之解散与鸦片战争》发表于《清华学报》《中山文化教育季刊》上。"

1931 年，千家驹作为"北大学生南下示威"宣言起草人，前往南京谴责国民政府对日本侵略的"不抵抗主义"，又一次被捕。他被押回北京后，在"北大非常学生会"成立会上被推为主席。

其时，胡适正在北大文学院院长任上，广有名望。千家驹对其表示不屑，说："当时我是思想非常'左倾'的青年"，"对胡博士是没有好感的，认为他保守、右倾，是资产阶级学者"，所以"我从来没有上过胡先生的课"。

胡适却关注到千家驹的学业，对其专业水准给予高度评价。1932 年，千家驹在一家不出名的刊物上发表《抵制日货之史的考察与中国工业化的问题》，胡适看到该文，正在外地。他得知作者是北大学生，赞赏说："北大学生竟有这样的水平，真了不起！我回北平后一定要去找他。"

吴晗是胡适的弟子、千家驹的同乡，经他联络，千家驹得与胡适见面。适逢千家驹毕业，胡适一见就问他毕业后的打算。听说他"工作还没有着落"，便主动介绍他去陶孟和主持的北平社会调查所就职。陶孟和听说千家驹是北大有名的"捣乱分子"，有顾虑。后经胡适开导，陶孟和同意千家驹入职。

三

千家驹不负胡适推荐之雅，进入北平社会调查所的第二年，就写出其第一部专著《中国的内债》，基本观点来自马克思主义经济理论。千家驹说：

> 我始终服膺马克思主义，是马克思主义信徒。我潜心学习，闭门读书，对马克思的著作，凡是当时有

225

英文译本的无不精心阅读。为了研究《资本论》，我曾花了前后不下十年的苦功，还曾经翻译了《资本论》第二卷的三分之二左右。

北平社会调查所是个学术研究机构，受中华文化教育基金会资助。千家驹把所内研究工作和社会参与结合起来，写了不少文章，大多是批判南京政府的财政经济政策的，受到了社会多方面的注意和重视。千家驹开始成名。胡适曾为天津《大公报》写"星期论文"，以千家驹为例子，证明当时流行的"毕业即失业"之说并不成立。

广有影响的《独立评论》是胡适创办的。为继续扶持千家驹，该刊也向他约稿。因胡适在激进青年中声誉不高，千家驹愿意写稿，却不愿署真名，并表示与胡适"从不谈政治问题"。胡适乐见其成，对千家驹文章不改一字，全文照登。千家驹由此声名鹊起，开始产生越来越大的社会影响。

1934年，千家驹被陶孟和所长聘任为北平社会调查所《社会科学杂志》副主编。陶孟和还推荐千家驹兼任天津天主教会办的《益世报》副刊《农村周刊》主编。千家驹的社会舞台日渐扩大。

1935年，胡适举荐、蒋梦麟批准，千家驹被聘为北大经济系讲师，专为四年级学生讲选修课"中国近代财政问题"，据说颇受学生欢迎。《千家驹年谱》说，是年

"一二·九"运动发生后,千家驹"与北平中共地下党组织之张友渔、徐冰、张磐石、阮慕韩、黄松龄等常来往。与北平的救亡运动分子保持密切的联系"。

1936年,千家驹和杨梨音结婚。范文澜、崔敬伯为介绍人,叶公超、许德珩等出席婚礼,胡适亲往现场证婚、致辞。他开玩笑说:"千家驹在北大时,担任学生会会长,是著名的捣蛋头儿,但在今天的婚礼上,却一点捣蛋气息也没有了。大概从今天起,千家驹已变成杨家驹了。"

四

1936年,北平社会调查所与中央研究院社会科学研究所合并,千家驹随着北平所迁往南京。他回忆说:

> 到南京以后,我就投身于如火如荼的抗日救亡运动中去,与上海救国会发生联系。我是南京救国会的负责人之一,与王昆仑、孙晓村、曹孟君、许宝驹等战斗在一起。那时上海救国会的领袖沈钧儒、章乃器、史良、沙千里等经常到南京来,与国民政府的抗战派如冯玉祥、何香凝等联系,推动抗战。他们来后总由我和孙晓村陪同各处奔走。

千家驹后来在民盟历史上的主要故事,就是在此时埋

下了伏笔。

有个关于千家驹和冯玉祥的传说也发生在这段时间里。冯玉祥是个亲近知识、尊重文化的抗日将领，他邀请千家驹为他讲授"中国财经问题"，每周两小时。千家驹按时讲，冯玉祥用心听、认真记。大约讲了七八次后，冯玉祥派人向千家驹要去讲稿。不久，《冯玉祥在南京》一书出版，"附录"中有《中国财政问题》全文，署名"千家驹先生讲，冯玉祥笔记"。千家驹的这次讲课酬劳，是冯玉祥送的一大车西瓜。

1936年11月，"七君子"事件发生时，千家驹正在上海参加全国各界救国联合会会议。该事件标志着南京政府对救国运动的镇压更甚。千家驹紧急返回南京。几天后，其在南京救国会的同事曹孟君和孙晓村也被逮捕，千家驹无奈躲避，走为上计。"因为当时广西地方政府当局李宗仁、白崇禧等是与南京唱对台戏的。他们网络一些民主进步人士如陈望道、邓初民、施复亮等在桂林广西大学教书。"1937年，千家驹也到了广西大学，受聘为该校经济系教授。

"七七"事变发生后，全面抗战爆发，国共实现第二次合作，团结抗战。当时的广西成为西南大后方，桂林更成了全国的"文化城"。一大批文化名家云集桂林，成就了一处奇特的文化景观。在这里，千家驹与何香凝、柳亚子、梁漱溟、欧阳予倩、胡愈之、范长江、夏衍、陈翰笙、

张志让等都有接触和交往。其中多数人后来成为中国民主同盟成员。

五

《千家驹史料珍藏图集》一书中，集纳了他和政、学、商、佛各界名流交往的信札、书画、著述、图片等，是其一生广交游、重友情的真实记录。其中，与"民盟之父"梁漱溟的交往是其政治生命归属、转折的重要一页。

1930年代的中国，曾有过影响广泛的"乡村建设"和"农村复兴"运动。最主要的角色有梁漱溟倡导的"乡村建设派"、晏阳初主导的"平民教育派"、高践四领衔的"教育学院派"，此外还有国民党党部领导的"江宁实验县"等。

千家驹因北平社会调查所的课题接触到这些人和事，对运动初衷和改良方式有不同看法。他从马克思主义立场出发，认为："这些改良主义运动是企图不涉及中国革命的根本问题，而他们所要解决的恰恰是这一根本问题。……这就是帝国主义的侵略与封建主义的剥削问题，他们想用一些头痛医头、脚痛医脚的办法来解决中国农村的封建剥削与帝国主义的侵略，这显然是此路不通的。"

他把看法写成文章发表于《中国农村》《申报月刊》等处，与梁漱溟展开争论。梁漱溟则写信给千家驹说，这一问题不是笔墨所能说明白的，要去南京和他当面讨论。

千家驹说："梁先生当时是大名鼎鼎的'社会名流'，……他去南京时，蒋介石必亲自延见，优礼有加，但他不惜屈尊枉驾，来到寒舍，与我研讨中国农村的出路问题，由此可见，梁先生对问题是非常认真的。"

梁漱溟对国情的一个基本认识，是"认定北伐后，老社会已崩溃。只须理清头绪来建设社会，没有再事暴动破坏的必要"。千家驹服膺的阶级斗争学说，则是要以暴力革命手段"彻底砸碎一个旧世界"，以图建设一个新世界。梁漱溟说建设，千家驹也说建设，只是此"建设"不是彼"建设"。千家驹说："我们的谈话当然不会有任何结论"，"但这不妨碍我们'君子之交淡如水'的友谊。梁先生同时还是我参加中国民主同盟的介绍人"。

六

1944 年，千家驹因日军进犯桂林而避难到桂东南地区的昭平县黄姚古镇，帮助当地创办了黄姚中学。他被推举为校长，在国难中坚持传播进步文化，实践自己的教育理念。梁漱溟当时任民盟秘书长，住在距黄姚六十公里外的八步临桂中学。

一天，梁漱溟到了黄姚。千家驹说："他来黄姚的目的是介绍黄姚的朋友参加民盟。经他介绍入盟的，我记得有欧阳予倩、莫乃群、陈此生、张锡昌、周匡人、徐寅初和我共七八人。我们都填写了入盟申请书，并签名盖章，介绍人为梁漱溟，填写好后当场焚毁，因为在当时国民党统治下，民盟还是不公开的地下组织。"

民盟成员中，有相当比例的人在教育界。千家驹在广西时期，也是教育界知名人士。因他在战前曾到广西作经济调查，并出版、发表有关当地经济发展的专著、文章，在广西上层有较大影响，很受欢迎。他受聘于广西大学经济系教授时，礼遇甚厚。晚年千家驹曾回忆说："当时我和陈望道、邓初民三人是全校中薪金最高的，每月三百元。"

学校之外，千家驹还有许多社会兼职，如广西建设研究会经济部副主任、《中国农村》月刊主编、《国民公论》编辑……他整天忙于授课、开座谈会、做报告，传播革命思想，成了众人眼中"比共产党还要共产党"的文化名人。

事实上，千家驹确实与共产党领导层有较多接触。他回忆说："徐特立来桂林时，李克农（八路军驻广西办事处主任）要我介绍徐老去拜会桂省主席黄旭初。叶剑英路过桂林时，也是我主持大会请叶剑英在广西大学做报告。……周恩来有一次路过桂林时，特地约我与胡愈之个别谈话，他谆谆告诫我说，要'作长期隐蔽打算，不要过露锋芒，要保存实力'。"

千家驹是性情中人，顺逆沉浮一生未变，其锋芒不是一次"告诫"就能"隐蔽"起来的。后来，广西大学由"省立"改为"国立"，办校经费由中央政府和广西省政府各摊一半。重庆政府以扣发经费施压于广西大学解聘千家驹，该校无奈，解聘了千家驹。

七

1945 年，日本投降，抗战胜利。千家驹把黄姚中学校长一职委托给教务主任，离开广西，到了香港。他离开黄姚时，民众感念其教育功德，放鞭炮热烈欢送，并赠锦旗一面，上写"文化之光"，下有当地数百父老的签名。广西省教育厅厅长黄朴心还专门写了一封感谢信，衷心感谢千家驹在疏散期间为广西教育事业作出的贡献，誉之为"造福青年"。

千家驹打算联合民主人士在港办报，到港后，知"中共南方局对香港办报有统一安排，民主党派办报时机尚不成熟"，便另起炉灶，独立创办了《经济通讯》周刊。

《千家驹年谱》说，该刊"产生了一定的'左派'性影响"。同时，千家驹担任了民盟南方总支部委员、秘书长，开始较为深入地介入盟务当中。这一点，影响到他此后政治生命的全程。

1947 年 11 月，国民政府宣布民盟为非法组织，强令解散。沈钧儒、章伯钧等离开内地，到了香港，主持召开民盟一届三中全会，宣布放弃中间路线，与共产党携手合作，开启了另一段民盟历史。千家驹说："如果没有南方总支部作为基地，三中全会的举行，即使不是不可能的话，也将是十分困难的。"

1948年淮海战役后，国民党败局已定。在中共香港机构的安排下，李济深、沈钧儒、郭沫若、章伯钧、马叙伦、章乃器、茅盾、蔡廷锴等分批前往解放区，千家驹与李章达、陈劭先、陈此生等也秘密离港，乘船到烟台，经济南，到达河北平山中共中央所在地，见到了中共中央领导人，作了思想交流，并由此进入刚刚和平解放的北平城。

当时北平归华北人民政府管辖。董必武是华北人民政府主席。千家驹和章乃器向董必武表示，愿为华北人民政府做些经济方面的事情。董必武聘请千家驹、章乃器、沈志远三人做中国人民银行总行顾问。某次座谈会上，讨论人民币和金圆券的兑换比价，千家驹提出"一比十"方案，或与总行已有腹案吻合，最终比价即如此确定。这是了不起的贡献。

八

据《千家驹年谱》记载，1949年，尤其是在"新政权建立"的意义上，他有了一系列重要经历。

年初，千家驹预见性地写出《中国经济展望》，发表于《华商报》。接下来，他在河北平山西柏坡与毛泽东、周恩来、朱德、李维汉等中共中央领导人见面、会谈；开春后，他参加民盟总部会议，讨论筹创《光明日报》等事宜，还同章乃器一同到天津调研金融市场，参加刘少奇邀集的座谈会；上海解放后，他接受陈云委托，与章乃器一同起草治理上海财经问题的电报稿；他还参加了在怀仁堂举行的新政治协商会议筹备会，并在董必武主持的第四组参与"拟定中华人民共和国组成（组织）方案"的讨论起草。

入夏，千家驹参加了陈云代表中共中央召开的各解放区财经会议，发表对经济形势、解决上海粮煤短缺等问题的专家意见；到清华大学讲授马克思主义经济学的同时，介绍王亚南同为经济系教授；根据参与起草的《共同纲领》精神，写了《中国的民族工业现在可以大有作为》一文，发表于《进步日报》；作为中国人民救国会代表之一参加中国人民政治协商会议第一届全体会议，听取周恩来在全体会议上作《关于〈中国人民政治协商会议共同纲领〉草案的起草经过和特点》的报告。

入秋，千家驹的专著《新财政学大纲》作为"新中国大学丛书"由生活·读书·新知三联书店出版。千家驹参加了中华人民共和国开国典礼；被任命为中华人民共和国政务院财政经济委员会委员、中央私营企业局副局长。

年底，参加中国民主同盟第一届中央委员会第四次全体（扩大）会议，被增补为中央委员。

民盟中央委员身份，是千家驹政治生命的延续和拓宽。中央私营企业局副局长，是他在新政权中的位置，是其经济学专长和国家建设事务之间比较理想的结合点。千家驹显然比较看重这一点，他在回忆中特意说明，他任副局长是周恩来的意见，局长薛暮桥明白表示自己"是挂名的"，该局工作主要靠千家驹操持。薛暮桥希望千家驹"把它的架子搭起来"。

九

中央私营企业局组建之初，薛暮桥的主要精力放在中央财经委员会，副局长只有千家驹一人，千家驹实际上主持全面工作。第二年，上海中国标准铅笔厂总经理兼厂长吴羹梅奉调入京，亦做私营企业局副局长，与千家驹同事。

千家驹对开展工作感到乐观。他分析说：

> 显然当时中央之所以成立私营企业局并要我和吴羹梅来当副局长，不是要消灭私营工商业，而是要发展私营工商业。因为在政协《共同纲领》（这是当时的《宪法》）中明确规定："凡有利于国计民生的私营经济

235

事业，人民政府应鼓励其经营的积极性，并扶助其发展。"（第卅条）又二十六条亦规定新中国有五种经济成分（国营经济、合作社经济、农民和手工业者的个体经济、私人资本主义经济、国家资本主义经济即公私合营），它们要"分工合作，各得其所，以促进整个社会经济的发展"。

政权初建，国家鼓励和扶助私营工商业的态度明确，千家驹深知事情肯綮所在，尽快组织起草了《私营企业暂行条例》，以利为形成法治秩序准备基础条件。为鼓励华侨来华投资，私营企业局和国家侨务委员会还共同成立了"华侨投资辅导委员会"，千家驹担任主任委员。

四五亿人口的大国怎样建设，没有现成经验。形势很快发生逆转。千家驹说，1953年，对私营企业"先提出了'利用、限制、改造'的政策，其后来了一个全部消灭"。在"三反"运动中的一次群众斗争会上，吴羹梅被轰出私营企业局，连其办公桌上的私人文件都不许带走。该局礼堂里贴满了关于千家驹的大字报，说他是"资产阶级的代理人"，处处"为资本家谋利益"。千家驹面临危局，作了检查，并在周恩来、陈云、李维汉的保护下过了关。他说："我虽没有被撤职，但从此以后，我在中央私企局就名副其实的成为一个'伴食宰相'，再也不过问私企局工作了。"

十

千家驹虽"不过问私企局工作",但依旧关注国计民生。他亲历了新政权建立初期国家经济政策从冷静到发热、从清醒到盲目、从务实到虚夸、从尊重实际到脱离国情的变化,见证了1960年代初"经济大困难"的降临。

1962年,他再也坐不住了,在当年全国政协三次会议上,他与陈翰笙、彭迪先、关梦觉、沈志远、吴半农等经济学者联名发言,提出三个观点:一、农业方面,"粮食过关"应该是指全国范围而说,不是要求每个公社、生产队都实现自给,若那样要求,将挤掉经济作物;二、工业方面,反对当时"就地取材,就地生产,就地销售"的政策,那样做,京、津等地轻工业就没有原料可言;三、开放农村集市贸易,活跃市场。应该说,这样的主张既有利于对现实政策纠偏,又利于长远发展,虽不合当时政策,却属畏友诤言。

当时"左"倾思潮当道,千家驹登台发声,提出的"仅仅是经济学ABC的合理化建议",却被指斥为"反党反社会主义"言论。晚年千家驹回忆当年情景时说:"在全国政协的下一次大会上,有一位民主党派领导同志说,上次政协大会上有个别民主党派成员假借政协庄严的讲坛发表'反社会主义'言论,要'挖社会主义经济的墙角'云云。他虽未点我的名,但谁都知道这是针对我而说的。"

千家驹以披肝沥胆之言在政协大会振聋发聩，最迟从这个时候就开始了。虽说他在那位民主党派领导指斥之后，表示"经济问题是很敏感的禁区"，"再也不敢写经济文章了"。但在多年之后，到1988年全国政协大会上，与会者又一次听到了千家驹的谠言，并不断报以热烈的掌声。

十一

1980年，千家驹曾在《人民日报》连续发表谈教育问题的文章。香港某记者看到后感慨千家驹"都是谈教育而不是谈他的本行经济"。这位记者有所不知，教育也是千家驹的本行之一。

1949年中华人民共和国成立之前，千家驹已有过中学校长、大学教授的经历，且能拿到当时最高标准的教授薪金。1949年，他在担任政治、经济部门要职的同时，还兼任清华大学、交通大学的教授。千家驹不仅承担起兼职教授的应有责任，还曾因师哲的推荐，被临时借调数月，和民盟内的朋友陶大镛一起校对马恩列斯著作编译部翻译的苏联《政治经济学教科书》，服务于1950年代的中共高级干部政治教学。

《千家驹教育文选》一书，是专题讨论教育问题的文集。收录其中的文章，最早写于1980年，时间不能算早，却有其早年的从教经验和思考化为思想资源。千家驹从1980年前后"我国一般的文教科技人员的工资待遇低于一般工人或营业员"说起，指出"我国教育经费在国家总预算中所占的比例之低，在全世界150多个国家和地区中是倒数第十名"，因此"必须大量增加教育经费"。

1983年，千家驹又写文章，再度呼吁增加教育经费。他肯定"把义务教育规定在宪法中，这是新宪法的一个创举"，并提出一个至今仍有现实意义的命题——"片面地将经济看作是基础，将教育看作单纯上层建筑的说法是50年代的旧观念。……这种陈旧的观点，经许多国家的实践已被否定。……教育事业的投资，应该说是一种生产性的投资……这种投资收效较慢，一旦收效之后，其效果之大是胜过其他物质投资的。……我们现在要大声疾呼，共同努力，制造舆论，这是极其重要的工作。大家如能意识到教育的重要性，别的困难都是可以克服的。但到现在为止，抱有这种认识的人可惜还不算多。"

十二

从1983年到1988年，千家驹心志未改，性情未变，仍在大声疾呼。

1988年春，他又一次登上全国政协大会讲坛，又一次提出教师待遇问题。他说："目前中国小学教师的待遇仅相当于香港小学教师的百分之一，大学教授工资相当于香港大学教授的五十分之一，无论是大学或中小学教师的实质工资，都不及抗日战争前的十分之一。"

千家驹这次发言的题目是《关于物价、教育、社会风气问题》。他在半个小时的发言中直言不讳，说出了许多人的心里话。现场有教授说，他的肺腑之言"震撼大会堂，全场为他热烈鼓掌三十一次，破了政协纪录"。"印象最深的是他的堂吉诃德长矛直指弊政，大声呼吁要制止营私舞弊贪污腐败之风……会场真的'爆出雷鸣般的掌声'。"

千家驹又一次在政协大会发出铮铮真言。

1989 年 11 月 5 日，由星云大师主持典礼，八十高龄的千家驹正式皈依佛门。1990 年第 126 期《普门》杂志发表了他的文章《我为什么皈依佛门》。从此，佛门多了一位著名学者，世间少了一位堂吉诃德。

十三

静修之际，千家驹未忘"红尘"，仍念家乡。

1999 年 11 月，武义县政协副主席应慧英到深圳千家驹寓所拜访，接他回家乡。家乡人知道他的心思，准备好了两场活动，一是"接收千老赠书"，二是"为千老祝寿"。

千家驹晚年寓居深圳的岁月里，应慧英曾先后六次拜访这位乡贤，并记得老人家说过的话——"只要让我回家，即使死在路上，我也甘心。"如今，他戴着特意买的新帽子、新围巾，吟唱着"少小离家老大回，乡音未改鬓毛衰……"辗转广州、上海、金华，回到了家乡武义。

11月11日上午，"情系桑梓——千家驹先生赠书仪式"在县博物馆举行。此时，家乡父老已在文山北熟溪畔为他建造起"千家驹藏书阁"。进阁即可见千家驹写于1995年的序文：

> 家驹一介书生，生平无他嗜好，唯爱读书，因之亦喜藏书，薪资所得除供简朴生活外，悉以购书。……我今年已八十又六，虽身体顽健，然人之生死乃自然规律……乃决定将全部藏书、文物，全部无偿捐赠武义县博物馆以为纪念……作为生我育我故乡的一点贡献。

11月12日，千家驹重访他幼年读书的壶山小学，又到他题写校名的武义一中新校园，以一位年届九旬的爱国知识分子的名义纵论教育问题：

> 在一个经济并不很发达的小县城，能下大决心干大事，实施迁建武义一中的大计，这是很有远见

的。……教育是立国之本。教育投资是生产性投资，而不是什么消费性投资。要说教育投资与其他生产性投资有所不同的话，那就是，教育投资要十年十几年才能见效。因此，投资教育，需要有远见；教育投资是有远见的生产性投资，基础教育的投资则是最基本的投资……

信念如初，情思如初。他的声音，他的意志，一如当年在人民大会堂。

2002年9月，千家驹病逝于深圳，享年九十三岁。骨灰由武义百姓迎回，安葬于故里壶山南坡。

故里有他呱呱坠地时的家。自幼及长及盛及衰，千家驹循修齐治平之道，行家国天下之义，往生之际，落叶归根，完成了生命的大循环。若有来世，他会再度出发。家驹登程，将是新一轮的家—国—天下。

主要参考文献

千家驹：《千家驹教育文选》，人民教育出版社，1987。

千家驹：《千家驹经济论文选》，中国国际广播出版社，1987。

王文政编《千家驹史料珍藏图集》，香港文汇出版社，2010。

王文政编《千家驹图传》，香港文汇出版社，2010。

王文政：《千家驹年谱》，香港文汇出版社，2010。

朱连法：《千家驹传》，上海人民出版社，2010。

沈昌文：黄昏里挂起一盏灯

2021年1月10日，早起后，进书房，先看见那一摞《师道师说：沈昌文卷》，是年轻朋友喜顺买的，存在这里。其中几册，前次聚会，已请沈昌文先生签署大名。想：快到春节了，俞晓群兄应该还会约聚，届时再带上几本。

熟悉的年轻书友中，多数都希望得到沈先生的签名本。自己既有这个方便，不妨帮他们如愿。每次聚，蒙晓群兄安排，都和沈先生邻座。最近几次，总带几本，也带上笔，酒酣耳热间，抽空请他签上名，留待送友人。比如湖北春晖，青海赵明，河南红伟，河北天明。

正想着，立利来电话，沈先生当天早上梦中辞世。

心头一坠，眼前忽暗。一盏明亮温暖的书灯，长明一世，倏忽升空，人间不再。

人生大去，走得这么利落，太合乎他的风格了。三十多年前初次见面，就觉得此公名头虽大，却无挂碍。

一

1980年代中后期，某年暑假，大热天里，正强兄领着沈昌文先生到家里来。当时，他尝试改革，恢复出版界当年老办法，开设生活·读书·新知三联书店（以下简称"三联书店"）京外分销店，方便读者，也发展自身。正强兄得风气之先，率先创办第一家。沈先生自然出面扶助。

印象里，从1977年恢复高考起，到1989年止，是全中国人排队买书、倾心读书的时代。《读书》杂志风靡知识界，文章脍炙人口，麾下名家云集。主编这份杂志，掌门三联书店，得有多大能耐？须是何等人物？

迎客进门，欣喜之余，略有幻觉：一个平常读者，说见就见，就这么在家里迎他了？

沈先生未落座，大嗓门已开。像邻居串门，老熟人，家常，活络，边吃西瓜边聊天，时有玩笑，适度，自然。虽是初见，却无陌生感，善意十足，风度自在。

一个多小时，聊共同熟悉的人，问最近在看的书，说谁谁写了好文章，也说到三联书店出的译著及"文化生活译丛"。《文明与野蛮》《宽容》《文艺复兴时期的佛罗伦萨》《异端的权利》等，都已出版，大受欢迎。像《异端

245

的权利》，1986 年 12 月初印 5 万册，1987 年 4 月加印 10 万册。这是沈先生主导的事，说起来，自然欣悦，他却归功于上一代老先生们和译者、读者，说自己只是个小书商。转过话头，再吃点别的水果，告辞出门，忙他的事去了。他要见的人很多，想见他的人更多。

二

忽忽三十多年过去，和沈先生一直保持着联系，交往渐多，对他的善意、善言、善行有了更多体验的机会。见面时，说起一本书，他知道我没有，想看，就会记住，回去后想方设法再弄一本。实在弄不来，他会费点周折复印一本，用牛皮纸包好，或骑车来，或走路至，放在我就职机构的收发室。多年里，经这样中转而得的沈先生赠书，少说也有百十本。

某年临近春节，是个雪天，沈先生又来送书。我刚好走到，在大门口碰上。接过书，内心感动得很。他神色一如既往。这算什么？一本书嘛！

聊过几句，我欲留，他要走。长年里，审读修改稿件，签署终审报告，签发付印通知，处理举报事端，撰写编后絮语，约作者谈选题，外地读者求见，本地朋友请饭，海外朋友来访……他的日程总是很满，真不该多占他的时间。好在路近，不出十分钟，他就能走回三联书店办公室，煮咖啡，会朋友，看书稿，整资料，写"阁楼人语"。

看着沈先生摇晃在雪中的背影，想起传说中季羡林先生在北大帮新生看行李的事，联想到一个词：古道热肠。季先生看行李，大概不会重复多次，沈先生送书则是家常便饭。

天下谁人不识君，他认识那么多人，结交那么多朋友，都是喜欢书的人。相信享受过沈先生上门专递服务的不在少数。

每逢饭局，沈先生总是较早到的一个，背着双肩背包，里面都是书。有些年，遇有不好买而大家又都想看的书，他会复印多本，放进包里，餐叙前后，打开宝囊，赠人惊喜。

三

1999年，应祥林、晓群二兄约，为"世纪老人的话"书系作《费孝通卷》。费先生说起他熟悉的知识界人物，嘱咐我，沈先生的东西也该留下来，口述方式就好。

2003年某日，在三联书店二楼咖啡厅，和沈先生商议此事。秦颖、文珍正好在场，要求放在花城出版社出，沈先生慨允。

2004年5月2日开始，凡遇双休日，只要没有他事，就到我的办公室，备上两瓶啤酒，听沈先生细说往事。开始前，沈先生说：

> 我们说的时候毫无顾忌，将来出版，会有所顾忌，毕竟牵扯许多还活着的人和事。咱俩这里讲，比如谁谁写了满满一抽屉告密信，谁谁精明计较得要命又要显得超级淡泊，都是真事，我都看到了，经历了。说给你，没关系；说出去，有些人就很没有面子了。我们还是厚道一点，也免得麻烦。

沈先生从出生说起。长到三四岁时，父亲早逝，家道中落，后来住进上海棚户区。房屋简陋，是用木板钉成。年深日久，木板开裂，板缝难补，越来越大。少年不知忧愁，他躺在床上从板缝里看街景，看得高兴。到该上学时，才知道家里的难处。

当时，为生计，他的祖母和母亲都去当下人，做保姆，出苦力。但在家教方面极严格，她们足够自尊，要求他从小做"好人家的孩子"，绝不和街道上的孩子来往。为让他读一个好学校，也为躲债，把他的名字从沈锦文改成王昌文，他从此开始体验人世凄凉。

四

和沈先生说好，一起去上海，寻访他童年"从板缝里看街景"的地方。

2004 年 5 月 25 日上午，在闸北区七浦路，沈先生目光里有期待，也有茫然。当年的棚户区，如今是这个都市最繁荣的平价服装贸易集市之一。街两边的门店高密度排列，挂出各式服装，压缩版的鳞次栉比，路中央留出仅容两人侧身交错来往的宽度。

随沈先生左冲右突，终未找到 338 弄 20 号。选了一处破旧门板，沈先生站定，脚下是瓦砾，面容有无奈，拍照一幅，且记当年。随后，去找他就读的工部局小学。

我们边走边说。沈先生的讲述，辛酸中有倔强——

我从念小学开始，就在人性扭曲的环境下长大。我连哭都不能大声哭，笑也不能大声笑，说话也不能随便说。我始终要仰仗别人的帮助。为了能上一个好一点的小学，我连自己的姓都得改掉。我不能和邻居的孩子一起玩儿，因为祖母不允许。他们是她眼里的"野蛮小鬼"。正是在喜好玩耍的时候，我唯一的游戏就是闷在家里，隔着板缝往外看。这形成了我特殊的经历，也促使我这个当学徒的永远要念书，要上进。以后几十年的生涯中，我始终不跟荒废时间的事情打交道，只知道要多学一点东西，自己去找本领，找饭吃。现在想想，我唯一的玩儿，现在也还是这样这玩儿，就是从板缝里看这个世界，从五六岁一直看到了现在。

五

童年的"板缝"，成了终身暗喻，延续在沈先生后来的编辑生涯中。绝妙而有意味。

2012年，台湾"大块文化"出版了沈先生的《也无风雨也无晴》，是尽量"毫无顾忌"说话的一本书。2014年，中国内地的出版社也出版了该书。

说来有趣，沈先生种种文化作为，都是在"板缝"里完成的。比如执掌《读书》编务。

改革开放初期，沈先生是人民出版社资料室主任。当时"文革"中整他的人还当着领导，他想离开，便找陈原，打算到商务印书馆去工作。大概是范用知道此事后，和陈原商量了一个办法。一天，范用找沈先生说：你不必去商务了，留在这里负责《读书》杂志。

1980年3月，沈先生正式调职，就任三联书店编辑室主任，负责《读书》杂志。该刊名义属于出版局（相当于后来的新闻出版署），由人民出版社代管。最高决策人物是陈翰伯，一位老共产党人，但不出面，居幕后。出面者是陈原，当主编，但他主要领导商务印书馆，没有更多精力顾及《读书》，实际事务是范用起很大作用。对《读书》，范用没有名义，却能直接安排沈先生任职，并叮嘱沈先生，今后怎么办，要听他的，不能听陈原的。

沈先生面临困局：在组织机构中，他属于范用系统；在思想观念上，他和陈原较一致。范用了解他这点，所以特加警告，陈原要是有什么想跟现状妥协的主张，不要听他的。

依沈先生看，范用刚直，不怕犯上，喜欢"哪壶不开提哪壶"。陈原圆融，太极功夫，但求事成。沈先生归范用管，但他到《读书》是求陈原谋事而陈原推荐给范用得成。编《读书》，可谓"一仆二主"，沈先生从一进门就得在夹缝中施展拳脚。

六

为沈先生做口述自传的过程中，为找背景资料，翻出一个笔记本，有参加《读书》创刊二十周年座谈会的现场记录。事隔多年，仍有意思，特依发言次序选录如下：

陈原：没想到《读书》活了二十年，而且越活越年轻。也没有想到我现在还活着。办这个杂志，是时代的洪流把我们几个人卷了进来，办了起来。那个时候，时代的最强音，就是实事求是，解放思想。在这二十年里，《读书》不是海燕，而是一个平凡的小刊物，留下了这二十年的思想史料。

梁衡：我代表新闻出版总署来祝贺《读书》二十年。不报官称表达不了这个意思。

吴彬：二十年前的今天，是第一期《读书》出版的日子。二十年里，一万三四千篇文章，两三千万字。冯亦代一直数着日子，希望能来。

董秀玉：为《读书》创刊，陈老总写了文章，非常用心。陈翰伯、陈原、范用、史枚、丁聪等人，一起办了起来。当时社会上解放思想，《读书》致力于提供思想。陈翰伯总结《读书》的风格，说是刊物平等待人，文风可喜。

丁聪：想来想去，想到的就是和《读书》的缘分。二十年里，我没落过一期。画漫画，设计版式，安排版面，一行一行地数。杂志朴朴实实，不玩花样，也玩不出花样。我真是没想到，一搞就是二十年，今天还在画版式。别人都是六十岁下岗，我是六十三岁上岗。想过退，《读书》不发话，读者也不赶我走，也没人跟我抢，那我就接着干吧。

王蒙：第一期《读书》就有我的稿子。那时我四十多岁。《读书》的突出特点是原创性，表达读书人对社会、对思潮、对生活的新发现，或者是实践者在书中的新发现。很多好文章。陈原的语词文章，也许进不了教科书，但是生动活泼，密切联系实际，富于启示。编辑也是低调的、简化的、开放的风格，不给人压迫感。有一次开完会，我和吴彬一起出来，吴彬说你开个专栏吧，我说"承蒙不弃"，吴彬说你的文章我们"不弃"。

七

沈先生说，20世纪80年代初，有人提议恢复三联书店，据说其中也有"中央领导同志"的同意。既有中央领导同志同意，那就不只是提议的事了。仔细品品，还能领会出"要求""指示"乃至"授意"的意思来。

即便如此，事情也不容易。终成正果，已是数年之后。如何曲折，不足为外人道。

1986年元旦，三联书店正式恢复建制，挂牌运营。当时，三联书店不少前辈人物（所谓"老三联"）都到了退休年龄，"只能发挥余热了"。于是，属于"新三联"的沈先生受命上任，就职总经理，负责主持三联书店的工作。

恢复之后的三联，说不上"以启山林"的荣耀，却有"筚路蓝缕"的辛劳。

初任老总，沈先生遇到不少问题，面对很大困难。开办费仅三十万元，一个顶级品牌大社，这点钱杯水车薪，不敷施展手脚。同时，出书方向也是大问题。当时中国内地的出版机构与体制，学的是苏联模式，实行专业分工体制。每一个专业大类，只允许有一家出版社，不可能再有另外一家。

比如，在北京，文学类的书只能由人民文学出版社出版，美术书只能由人民美术出版社出版。在这种情况下，从名称上看，生活·读书·新知三联书店不具有任何专业色彩，出什么书合适，没有现成规定。

沈先生作尝试，打算出版杨绛的《洗澡》，看看反应。此议立即引来质疑。有人说，出这种书不是你的事，《洗澡》是小说，该在人民文学出版社出。

三联书店该出什么书，当时确实费思量。沈先生说，好在路总是人走出来的，最主要的是碰上了好的时代条件。他感谢改革开放的大形势，尽管大的体制没有变，但是允许人们想一点招了。他和同事想到了一个词：文化。处在缝隙间，不妨借"文化"做文章。

沈先生问"上面"：我们不出小说，出文化类的书可不可以？"上面"答复说，可以。

三联书店把杨绛的小说定位为"有深刻文化内涵的文学作品"，然后再问可不可以出。"上面"说，当然可以出，有文化内涵的书适合你们三联书店出。

这一下不仅出了想出的书，还把多年沿袭的所谓出版专业分工界限也打破了。

八

三联书店恢复之初，改革开放已持续数年。国门既开，出版界有了利用海外文化资源的条件。沈先生统筹全局，其中一个重点就放在海外，引进先进思想成果，为中国思想界提供借鉴。由于历史原因，三联书店有些当年统一战线的背景。因此，沈先生标榜的口号是，学习周恩来总理当年广泛团结海内外作家、搞好统一战线工作的历史经验。

为组织海外文化资源，考察文化产品及市场，沈先生去香港作调查。香港三联书店的朋友听说总店老总驾到，设宴招待，喝酒助兴，摆出 XO。

沈先生祖籍宁波，熟悉绍兴黄酒，问：你这个酒什么牌子啊？朋友告是 XO。一问一答，卯不对榫，但沈先生以为听到了答案，一定是绍兴黄酒开发的一个品牌，而不知是洋酒，全不对路。在内地，逢饭局，他一向只喝啤酒。到了香港，入乡随俗，觉得喝点黄酒也无妨。他边吃边聊，开怀畅饮，居然喝下一瓶。结果醉透，"钻到桌子底下去了"。

后来说起此事，沈先生笑言："这就是我这土老帽儿第一次到香港去的悲惨经历啊。"

痛饮一瓶 XO 的豪举，打开了三联书店利用海外文化资源的大门。沈先生得到了引进蔡志忠漫画的机会，在内地出版后，畅销复长销，是他很得意的一件事。

此前，沈先生熟悉的漫画家有叶浅予、华君武、丁聪等。他们的作品产生于特殊年代，多带有鲜明的政治色彩，有些是政治概念加绘画语言，重点是直接的思想宣传，而不是艺术的潜在感染。进入改革开放时期，在宽容、宽松、宽厚的文化气氛中，蔡志忠的漫画恰逢其时。采用漫画形式传播知识，且是中国古典文化知识，真正是雅俗共赏，老少咸宜。沈先生的评价是：难能可贵。

九

沈先生主持三联书店笔政初期，下了不少工夫出版外国书，这是他自称"用力比较多、成效比较显著"的地方。他说，这要感谢李慎之先生的点拨。李先生是燕京大学出来的学生，洋文很好，又是老共产党员，有坚定的信仰，对大问题有大见解。"他非常关心三联书店的出版工作，知道我在三联当领导了，经常跟我讨论出版选题。他曾经跟我说，为了推动中国的真正进步，我们在很多事情上，要回到西方早一点的时候去，比如二战前后。为说明意图，李先生还回忆起革命生涯。早年参加革命，到延安去，可以跟女同志坐在一条板凳上讨论问题。那时候，觉得中国已经是非常进步了，男女平等嘛！现在看来，我们在很多问题上还没有解决好，还需要补课。"

沈先生和同人会意，按照李先生指点的方向去找。找到的第一本书，是房龙的《宽容》。沈先生说：

> 宽容，题目就好。大家都经历过"文革"，那个年代，与天斗，与地斗，与人斗，根本没有宽容。经过这段历史，大家从反面懂得了宽容的好处和价值。所以，房龙的《宽容》自然而然走进了中国。我们组织人手，费了很大劲儿，翻译了出来，一印再印，成了超级畅销书。

三联书店印行此书，引发出版界多家机构跟进。从1985年三联书店初版，沈先生搜集到十多个版本的《宽容》。除了中文版，还有中英文对照版。此事，三联书店领风气之先。到1997年，三联书店版《宽容》印数累计逾337万册。

令沈先生更高兴的是，至少有十个版本恢复了三联书店出版时删节的内容。比如，书中所列举不宽容的例子中，也包括斯大林，沈先生当年删掉了，自认"罪过"。他曾回忆说："当时不敢说斯大林不宽容。现在看来，还是房龙说得对，斯大林确实算得上一个非常不宽容的典型例子了。"

对书中删掉的关于斯大林的这段文字，沈先生特别说明，不仅多数版本予以恢复，而且翻译得相当精彩，不亦乐乎。

十

沈先生是学俄语出身，翻译的第一本书就是俄文著作。他研究俄国出版问题时，留意过一本俄语书，叫《情爱论》。

在大量阅读的基础上，沈先生总结出一个社会现象。每当一个社会要大步向前，要突破约束，要冲破思想藩篱，总是女性走在男士前面，因为她们所受到的社会压迫要比男人多出一层，比男士们更多出一重窒息的感觉。

《情爱论》原著出版于东欧巨变之后。沈先生认为，该书是用马克思主义观点谈论爱情问题，提出了惊人观点。书中说："我们是马克思主义者，讲任何问题都要用历史唯物主义观点，唯独讲到爱情问题时，不讲唯物主义了，而讲唯心主义。"此外，爱情是要有物质基础的，所以肉欲问题是不能回避的。马克思主义者需要对这个问题有一个正面的解释，而《情爱论》就对此问题做了很好的解释。

三联书店决意翻译出版这本书，很快进入实施阶段，首印就近 20 万册。这一来，三联书店的经济情况大为好转。

沈先生说，当时的文化气氛，还没有今天这样宽容。为了书能出版，他"做了很多孽"，主要是删节。他对编辑吴彬说，《情爱论》的基本观点当然很好，可还是要求你帮帮我的忙，把书里边那些"比较恶心的"段落删掉。

忆当初，沈公说："我们讲唯物主义，从理论上承认肉欲的自然性，但实际上已经把书中关于肉欲的具体段落删光了。我当然并不愿意这样做，但在当时的情况下，实在是没有办法。其实后来木子美讲的那些事情、那些话，《情爱论》很多年以前就在原则上提到过了。"

十一

大约是1974年，国内有过一场声势浩大的群众运动，曰"批林批孔"。对很多亲历者来说，"林"和"孔"怎么就扯到了一起，为什么要扯到一起，迄今未必清楚。当然，在那样一个年代，跟着跑，人云亦云就是。

沈先生说，当年很多人都"奉命去消灭那些搞中国古典文学和哲学的教授们的研究成果"。教授们自己也动手清除。例如，冯友兰教授写过一篇《从孔子的文艺观批判儒家思想的保守主义、复古主义和中庸之道》，对孔子作了三点宣判：一、宣扬保守主义，反对变革，特别是暴力变革；二、宣扬复古主义，提倡奴隶哲学；三、宣扬中庸之道，缓和阶级矛盾。

"批孔"的结果，"文革"后立即有了恶果。很多年轻人对中国古代文化思想完全无知，不知道中国文化的来源和老祖宗。于是，沈先生拍板引进了蔡志忠，因为"他的书有很高的文化价值"。

《孔子说》《孟子说》《庄子说》等书出版后，很多中学生、大学生写信给沈先生说，他们是看了蔡志忠的漫画后，才知道孔子说了什么，孟子说了什么，庄子说了什么，以及那些古训的真实含义。

蔡氏漫画的出版，为三联书店引来了更多读者，也带来了相当可观的经济收益。

出版界说起这桩事，有"沈公拣了一棵菜（蔡）"的段子。后来三联书店出版金庸的书，又被说成"拣了一块金"。

十二

沈先生讲故事，说起一本书，是他在"文革"中与史枚先生等人合编而成。该书为《人民出版社出版工作两条路线斗争大事记（1949—1966.5）》，油印，孤本。编者落款：遵义兵团韶山战斗组、孺子牛战斗组。

沈先生善解人意，知我想看，遂复制一本，慨然相赠。

粗略翻阅，见到正史里难得讲到的一些出版掌故，很有意思。

1951年6月至7月，胡乔木名著《中国共产党的三十年》书稿拿到人民出版社。当年10月18日，胡乔木就该书的出版致信该社，建议出版物上的社名不用毛泽东的题字。信中说："出版社用毛主席题字实在不好。""我坚决主张干脆一律不用。"11月19日，该社通知全国各人民出版社，"一律不在书上印毛主席的题字"。11月28日，又通知全国新华书店也一律不准在印刷品中使用毛泽东的题字。同时，用三联书店名义出版的该社出版物"继续保留生活书店等三家的招牌字"。

1954年4月，出版总署发出给华东出版局的信，要求"组织重印一些有价值有内容的近代学术著译、文化知识读物"。陈原、史枚、戴文葆等拟出大规模重印旧书计划。7月，王子野提出"开门办社"方针。10月，曾彦修拟出人民出版社、三联书店、世界知识出版社的三年选题计划，并在各大饭店设宴十一次，招待各方百余位"权威"征求意见。同时，陈原带中南组稿团南下，访问了数百位学者，说服他们把"有益处而又未完成的半制品整理出来"，以改变当时国内社会科学研究著作出版上的"荒芜状态"。

1959年，陈伯达提出文化上要"厚今薄古"。王子野说，古今都是钢板，厚薄都有用。

同年，陈原传达对有问题的翻译书稿的处理原则：各取所需，能删不能改。

周扬主张"出版社要为作家服务"。1962年，王子野、范用等谋划成立了"作家服务组"，把冯友兰、朱光潜等数百人列为服务对象，为他们提供购书证，"要买什么书给什么书。有些书没有了，也要竭力为他们寻找，送货上门，还可以不付书款，欠款也不催"。

1963 年召开出版工作会议，周扬说："政治第一，不能狭隘地理解为多出政治书籍。"会后，林默涵、陈原等起草了一个报告，提出"要注意出版一些虽然不是马克思主义的，但内容无害，而在学术或艺术上有一定价值的东西"。

同年，刘少奇说，要反对现代修正主义，就要了解它，既要读马克思列宁主义，也要读读现代修正主义者的著作，这叫"比较学习法"。大概与这一主张有关，"外国政治学术书籍编译工作办公室"，推动出版了"灰皮书""黄皮书"系列，在知识界产生了广泛影响。

在政治左右缝隙间，做出大文章。沈先生当年参与其事，晚年回忆，仍有快意。

十三

沈先生的口述录音，从 2004 年国际劳动节开始，有择日，有撞日，到 2007 年 9 月 17 日告一段落，如前文所言，说得毫无顾忌。

《也无风雨也无晴》封底有两行字："透过书，他成为中国大陆文化界的重要推手。透过他，可以看懂大陆六十年来社会、文化与政治环境的变化。"

这话不算夸张。这么一位前辈，从上海银楼小学徒，到三联书店总经理，经历诸多文化事件，大风大浪的起伏，是非曲直的漩涡，机锋交织的暗流，折冲樽俎的进退，当事诸君的台前幕后……经沈先生说出，从容到家，波澜不惊，一如老农说起春耕夏播，秋收冬藏。

《知道——沈昌文口述自传》出版，正赶上第十八届全国书市在郑州举办。

2008年4月26日，陪沈先生由京赴郑，参加这本小书的首发式。途中，沈公感慨，咱俩认识就是在郑州，过了二十多年，这本书首发又是在郑州，这可真是无巧不成书了。

沈先生与郑州结缘，正是为书。赖他支持，薛正强兄办起全国第一家三联书店分销店。后来，也是由他邀约，郑州三联书店和越秀酒家合作开设了越秀学术讲座。

1994年，首次讲座开锣，沈先生倾力支持，十数年间，前后相续150多期。有他邀约、召集，群贤纷纷就道，当代百家开讲，洵为一时之盛。

作家如王蒙、莫言、张承志、刘心武、陈村……
学者如费孝通、陈鼓应、李慎之、龚育之、茅于轼……
艺术家如吴祖光、于是之、黄苗子、丁聪、黄宗英……
翻译家如董鼎山、董乐山、柳鸣九、杨宪益、冯亦代……

科学家如钱伟长、杨振宁、何祚庥、席泽宗、王
绶琯……

经济学家如吴敬琏、厉以宁、于光远、高尚全、
樊纲……

为张罗这个讲座，有些年里，沈先生几乎每月去一趟
郑州。号召力可见，辛劳可知。

十四

2008 年 4 月 28 日上午，第十八届全国书市上，多年
来一直在幕后支持越秀学术讲座的沈先生走上前台，主讲
"知道分子说《知道》"。作为该书内容的录音者和文字整
理者，我陪座。

此前，两人说到这本书的初版无意间漏掉了越秀讲
座，沈公坦然，我忐忑。

这是他晚年里一段光亮、温暖、快意十足的故事，居
然落在口述之外，我这个"整理者"该当何罪？

沈先生宽厚，面对讲座听众，自称是这项遗漏的"罪
魁祸首"。我的过失感因此更重，萦绕心头，难以释怀。
未料上天演好事，未及两周，花城出版社便告"准备再
版"。宽容、宽厚的读者提供机会，让我作出弥补。

找正强兄讨来资料，灯下作业。忽然想起一句话：是
谁传下这行业？黄昏里亮起一盏灯。几十年的交往经历，

此时形成一个意象。一盏书灯，一位沈先生，两相叠印、幻化，不知是灯光中有人形，还是人心中有明灯。

《阁楼人语》是沈先生代表作之一。卷首位置，有丁聪画的阁楼风景。沈先生解说道："我喜欢把出版人形容为阁楼里的单身汉。他从阁楼的窗子往外看，而窗外的人也看到窗里的灯光。"

和沈先生一起到上海寻故址时，曾找到他当学徒时的阁楼，拍了照片。从银饰店的阁楼，走到三联书店的阁楼，"板缝"一直没有离开他。他借缝求光，缘缝得光，阁楼里弄得灯火通明，再经由缝隙作回馈，把灵魂里的光传播到万千读者的眼里、心上。

十五

为《知道：沈昌文口述自传》作增订，与传主和责编约好，在蓝旗营万圣书园见面，苏里兄也参加。四人中，沈先生路最远，到得最早。我提前半小时进门，只见沈先生已买下一套《中国近代现代出版通史》，价钱五折。

见此煌煌四卷，当然眼馋。一问，书还有，也要了一套。沈先生说："你对降价书也感兴趣呀，那我带你再去两家，就在附近。"

随其出门，西行。过了隔壁，沈先生指着一个牌子说："这家店里边有个'小平的店'，进去就看见了。都是旧书，都有折扣。再往前，这家超市里也有一家。这两家我都看过了，都很好玩，都有收获。"

依沈先生指点，进超市，直奔书店。见有"五元区""十元区""二十元区"以及"七折区""八五折区"，不仅便宜，好书也真是不少。

其中，经典文学著述有《吉檀迦利》《纪伯伦诗选》《莎士比亚十四行诗》《爱默生文选》等，工具书有《文史百科知识词典》《十三经名句鉴赏》等，有的五元，有的十元，简直是赠送。

新版剑桥中国史，堂皇厚重，成排站在"八五折区"。对衷心喜爱者，这实在是不算少的优惠。在万圣书园，最高级别的"荣誉会员"也不过享受这般折扣。

拎着一大包书，进了"小平的店"，淘到一本施蛰存先生著的《昭苏日记/闲寂日记》。封面古朴雅致，内文用影印与排印对照，板式古意盎然。信手一翻，第 128 页，见施先生先卖书再买书的一段记录，觉得应景，敬录如下：

十六日，卖去杂书七十六本，得四十八元，将以为买碑之资。宝刻类编阙卷撰成，颇亦可观。十八日，至朵云轩、古籍书店，碑无可购，得赵举之和珠玉词刊本一册，乃赵叔雍之女所撰，未闻有此书也。廿三日，晨谒尹石公谈一小时而出。下午至南京路访碑，得十二种。有旧拓未断本根法师碑整张裱本，尚佳。

266

归家得李白凤寄来拓片一束，凡十余种，皆河南图书馆藏石……一日之内得碑十七种，摩挲至深夜，殊不觉倦。

"至深夜，殊不觉倦"，这不正是沈先生在阁楼灯下写"编后絮语"的样子吗？

十六

沈先生研究三联前辈们的工作，有个发现——20世纪40年代以来，三联书店的老前辈、老作者们曾经出过不少谈论性问题的书。

这些可敬的文化老人们，当年并不回避这样一个人生的基本话题。潘光旦先生研究、解说社会问题，人的生物性是基本出发点。

说到这个方面，沈先生提到当年俄国最有名的女权主义战士柯伦泰。他说此人当过俄国驻外公使，懂得欧洲八国语言，在外交上成就很大。她写过一本书，叫《三代恋爱》，20世纪40年代由三联书店一位老前辈的夫人翻译并出版。

这位柯伦泰是名门之女，1917年十月革命后，任布尔什维克政府公共福利人民委员。她主张对俄国传统社会习俗和制度进行根本改革，提倡自由恋爱，简化结婚和离婚手续，消除对私生子的社会和法律歧视，从各方面改善妇女地位。

沈先生说："柯伦泰曾提出过一个惊世骇俗的观点。即从马克思主义的理论看，人们解决性的需要，就像喝一杯水那样简单。她来了兴致，就对男朋友说，我们到高加索喝水去吧。于是他俩就离开工作，到高加索待了一个礼拜才回去。"

据说，当时俄共中央委员会为此震怒，讨论怎么予以惩办。特洛斯基说，要办渎职罪，把两人枪毙。列宁批示说，枪毙太轻了，要给他们更重的处罚，让他们立即结婚。

对于性的问题，按中国的历史传统，对这方面的问题不作公开谈论。沈先生从三联书店前辈那里受到启发，认为这个问题不能不谈，应该迎上去谈。问题是要有个好的谈法，要有一个解决的办法。

比如，三联书店在20世纪40年代出版的一本很重头的书，是夏衍（当时用其本名沈端先）翻译的《妇女与社会主义》，作者是奥古斯特·倍倍尔。沈先生说："在我们中国共产党的前辈出版家看来，这个问题是不能不谈的，所以才有三联书店四十年代出版的这本重点书。这个事情证明，从我们出版界进步的革命传统来看，并不回避这个问题，只是不能够哗众取宠。我从中得到的启发是，对社会问题应该非常关注。"

沈先生积极推动《情爱论》出版，也是对出版界前辈革命传统的现代响应。

十七

前辈，是沈先生口中经常念叨、内心素来尊敬的一个群体。他一生求知不辍，从书中求，从生活中求，尤其用心地从他接触到的文化前辈中求。

个人失学经历，他早年体验。全民阅读饥渴，他中年见证。时近晚景，沈先生的潜能被激活，如火山喷发，却不见烟火。

各有脾气的前辈，聚在他的客厅里、饭桌上、杂志中，是天意。在既定的时代条件下，他承续民国前辈的温和做派，拿捏当下的出版火候，修成独家本领。出好书，总能看准时机。面对上方查问，他总是能灵活应对。

有的领导血性十足，老革命资格，作风硬朗，不避针尖麦芒。沈先生明知此路不通，并不抗命，只作换位思考，谋划变通，避免血荐轩辕，实现"拱卒"目的。只见他多年如一日，不动声色，不变初衷，巧妙化解矛盾，发要发的文章，出该出的书。戴着锁链的舞蹈，也跳得酣畅。

《宽容》，主题和内容都很好，不删掉斯大林，当时恐无法出版。《情爱论》，正常人都想看看，不拿走点"少儿

269

不宜"，何来百多万册畅销？说得再远一点，十年浩劫荒芜不堪，却成就了黄皮书、灰皮书"供批判用"的读物。沈先生说起自己当年的深度参与，当时的奔走联络，"废物利用"，举重若轻。至于后来的"书趣文丛""新世纪万有文库"，这类须付移山心力的非凡事功中，每见沈先生身影。他说起这些，也尽是自嘲、自贬、自损的沈氏语言——小瘪三，小商人，扫地僧，小跟班，混饭吃，八零后，写点鸡零狗碎，各位叔叔阿姨爱护……

十八

2021 年 1 月 13 日中午，得立利电话嘱咐，去北京同仁医院，和沈先生作别。

疫情中，地铁里，列车行进，思绪绵绵。三十多年交往，一幕幕，都来了。三年多的口述自传时光，清晰如昨。口述第一天，说到初中因贫辍学，他声音稍有低沉，眼里隐隐有泪光。现场感受到沈先生伤感，这是第一次，也是唯一一次。

那一刻，他也只是瞳仁处泪点微颤，眼角纹路还像平时，尽量保持开心、微笑的样子。他是不想把那伤感传染给我。

一会儿到了同仁，若有泪，也尽量不要让他看到吧。

朋友们聚在门前。时霖、顾骍、立利、卫纯……点头

270

示意，默然站在一处，都没有话。

建筑缝隙里的墙角处，靠着一把大扫帚。无意看见，心一动，"板缝"暗喻又现，"扫地僧"就在旁边，真是天作之合。他的姿势，正好躺着，是当年"从板缝看世界"的圆满回归。他将保持着这一姿势进入天国，继续看世界。

回看九旬沈先生，衬以百年历史，板缝窥世八十载，阁楼燃灯七十年，万卷书中，千般滋味。他貌似滑头无风骨，却"以柔克刚"成就一代出版家的卓然风骨。出版界家喻户晓的沈氏低调，变幻出难以企及的人文高调。二次解放，文坛解冻，思想启蒙，唤醒民众，沈先生不负时代，口碑在人心。

1月14日，星期四，八宝山。沈先生灵堂，门前挽联醒目：

> 读书无禁区　宽容有情有爱　终圆书商旧梦
> 知道有师承　溯往无雨无晴　俱是阁楼人语

据说，挽联系陆灏初稿，王为松二稿，扬之水定稿。

见晓群、吴彬、郑勇、之江、雷颐、家明、苏里、焕萍、冠中、于奇、胡同等，同送沈先生往生。在俗世与天堂的缝隙处，这位嘻哈其表、庄穆其里的太极高手，静静躺着。

在人民出版社"扫地"的经历，使他悟得人民和出版

271

的真谛。解冻后，他以三联书店为平台，闪转腾挪、酣畅淋漓地报复了早年求知经历的种种不公不义，留一句"阁楼里可以做得大事，中外通例"，以九旬高寿婉辞百年，抬脚就走，既往不恋，未来不追，当下不居，得大自在。

又想起那句话。是谁传下这行业，黄昏里挂起一盏灯。他编的书，出的书，白纸黑字都在，纸寿于金石。代复一代，或国泰民安，或至暗时刻，都会有人看书。书中经典，会流传，读者会记得，会传说，当年燃灯者，有位沈昌文。

主要参考文献

沈昌文：《阁楼人语》，作家出版社，2003。

沈昌文：《书商的旧梦》，上海书店出版社，2007。

沈昌文口述，张冠生整理《知道——沈昌文口述自传》，花城出版社，2008。

沈昌文：《八十溯往》，海豚出版社，2011。

沈昌文：《也无风雨也无晴》，(台) 大块文化出版股份有限公司，2012。

沈昌文：《师承集》，海豚出版社，2015。

沈昌文:《师承集续编》，海豚出版社，2016。

沈昌文:《师道师说：沈昌文卷》，东方出版社，2016。

附录　三代传灯人
　　——读钱穆、费孝通与许倬云先生

一

　　读许倬云先生的书，多次看到"世代"这个词。

　　陈心想博士出版《走出乡土：对话费孝通〈乡土中国〉》一书前，许倬云先生为他写《跋："走出乡土"之后怎么办》，结尾时说："陈心想先生，比费、杨二位晚生六十五年，我读到他的文章，内心的感触悲欣交集。伤心的是，要到三个世代以后，费、杨二位的工作，才有人真正接下去。欣喜者，三个世代以后，有这么一批人能接下去。"

　　《心路历程》是许倬云先生的早期著作。他在自序中说："我知道至少我在这几篇杂文里提出了一些这一个世代中国青年遭遇的问题。"

这篇自序写于1964年，为陈心想博士写跋是2015年。五十多年里，许倬云先生一直用这个词，说明它有确指。窃以为其笔下"世代"大体是大陆现代语境中"时代"的意思。

两相比较，"时代"属于大词儿，张扬，激越，往往和"主义"相关。"世代"较淳朴，内敛，具体，实在，有"年代"乃至"辈份"的内涵。一字之差，让人自省，想到文风和语言习惯，反思某些现代八股文字的运行惯性。

感谢许倬云先生洗我耳目。

以往读、写过程中，留有一些和许先生相关的片段印象。"三个世代"的说法，使这些片段连缀起来。印象转为意象，成了一幅似乎可见的图景。

远景是五千年人类文明演进，中景是百多年中国历史风雪，近景是三位抱薪人雪中行路。

钱穆先生在前，费孝通先生居中，许倬云先生殿后，可谓"秀才教"三人行。三位前辈"以迂愚之姿，而抱孤往之见"（钱先生语），不舍昼夜。

他们抱薪为续火，为传灯。对中国文化，他们怀敬意，寄温情，共认其正大光明。

二

1930 年，许倬云先生出生，面临着双重不幸。

一是个人不幸，他天生肢端畸形、弯扭，手不能握笔、握筷，脚不能走路，成长、行路、求知、劳作，都承受着正常人无以体会的局限和艰辛，"先天要忍受一些旁人不须忍受的痛苦"（许先生语）。二是国家不幸，翌年的"九一八"事变，为他的早年岁月蒙上巨大的民族危难阴影，影响刻骨铭心。不幸中，家国一体，而及天下，形成许先生一生观察社会、思索人生的基点。

1930 年，钱穆先生从苏州省立中学转到燕京大学任教。身居教会学校，他曾面谏司徒雷登，力促"燕大中国化"，主张原来的 M 楼、S 楼、贝公楼等，"以中国名称始是"。燕大为此专门召开校务会议，确定把 M 楼改作"穆楼"、S 楼改作"适楼"、贝公楼改作"办公楼"，"其他建筑一律赋以中国名称"。

1930 年，费孝通先生从苏州到北平，从东吴大学医预科转入燕京大学社会学系，在课堂上领略吴文藻教授"社会学中国化"的心思，跟随派克教授走出燕园，进入社会生活，借鉴西方人类学研究方法，在天桥、八大胡同等地作实地调查，具体推进西方学说中国化的步调，希望助益于社会改造。

钱先生督促司徒雷登的"中国化"，是指语言文字、校舍设施及环境。费先生领悟并实践的"中国化",是指外来学科向中国知识体系的融入。不同方面的"中国化"愿望和要求,背后是中国知识分子对国运的关注,他们在积极寻求改造社会和国家的工具。

余英时(潜山)先生说:"钱先生自能独立思考以来,便为一个最大的问题所困扰,即中国究竟会不会亡国。"

费先生对早年随母亲多次逃难有深刻记忆,没齿不忘。"一辈子啦!从小就知道'国耻''国耻'的。有'国耻纪念日'嘛!"

许先生说,他的童年被日军"切开",开始"八年的颠沛流离"。小小年纪,一再经历生死场。"躲不过炸弹与机枪;死的人没有罪,只因为他们是中国人。"

三

梁漱溟先生说:"我是为救国才研究孔子的,那个时候,我们中国既贫且弱,西洋人、东洋人整天欺负我们。"

这句话说出了钱、费、许三位先生的治学初衷,也是许倬云先生从出生就耳闻目睹、切身滚过的现实。他在《心路历程》一文中说:

> 在战争中长大的孩子大概比生平盛世的小孩较早接触到死亡。……在重庆遭遇大轰炸时,我们正在万

县。……一听见空袭警报就躲进洞去，进洞时在路上遇见二楼邻居家的一个大孩子，正在跑回家里去取一些东西。等到警报解除后，我们发现了他的尸体。……我忽然发觉人是如此的没有保障。这也是第一次我面对着一大堆尸体和烟尘弥漫的瓦砾场，心里不存一丝恐惧，却充满了迷惘。

另一次类似经历，是"在豫鄂边界的公路上，日本飞机用机枪扫射慢慢移动的难民群；轧轧的机声和哒哒的枪声交织成我脑子中一连串的问号。在青滩之滨岸时，目击过抢滩的木船突然断缆；那浩荡江声中的一片惊呼，也把一个大大的问号再次列入我的脑中"。

钱、费两位先生也有当年经历日机轰炸的亲笔记录。钱先生写《师友杂忆》，说起日军空袭频繁时，"每晨起，早餐后即出门，择野外林石胜处，或坐或卧，各出所携书阅之"。"群推雨生为总指挥，……结队避空袭，连续经旬，一切由雨生发号施令，俨如在军遇敌，众莫敢违。""敌机果来，乃误炸城中市区，多处被轰毁，受祸惨烈。"

费先生的《疏散——教授生活之一章》一文中，有其住房被炸的情形。"文化巷已经炸得不大认识了。我们踏着砖堆找到我们的房子……四个钟头前还是整整齐齐的一个院子，现在却成了一座破庙。……院子里堆满了飞来的断梁折椽，还有很多破烂的书报。我房里的窗，玻璃全碎了，木框连了窗槛一起离了柱子，突出在院子里。"

四

1939 年，钱先生写成《国史大纲》。该书"国难版"扉页上，钱先生写道："谨以此书献给前线百万将士！"让人联想起曾慕韩先生的一句诗："书生报国无他道，只把毛锥当宝刀。"

1939 年，费先生出版《江村经济》，投身云南三村调查。多年后，他写《云南三村》序言时说："我当时觉得中国在抗战胜利之后还有一个更严重的问题要解决，那就是我们将建设成怎样一个国家。在抗日的战场上，我能出的力不多。但是为了解决那个更严重的问题，我有责任，用我所学到的知识，多做一些准备工作。那就是科学地去认识中国社会。"

1939 年，许先生的早年阅读从武侠小说向《史记》过渡。他的父亲给他看诸多古代战役案例，指定他读宋朝名臣的奏议，读《东莱博议》，对他日后的治史志向有极大影响。后来，许先生就读的高中紧邻东林书院。东林书院的学风感染着他的老师，老师的精神状态又灌注在国文、历史、地理、公民课的讲述中，影响到许先生。

天赋他不良于行，也赋他敏于求知、求智。读其"问学"，随其"观世"，听其"史论"，察其"心路"，像观赏一部人文纪录片。只见许先生志于道，据于德，勤于学，精于思，善于谈，游于艺。这一切，依于仁。

仁心养成，来自庭训。父亲点评宋代名臣，称许其品格，遗憾其责人太严，缺一点宽容。母亲培养孩子最需注意的一条是行恕道，对别人宽厚。许先生耳濡目染，种下根苗。

仁心养成，来自国难。"七七"事变后，部队开拔。母亲平常不宣佛号，那天虔诚祈祷。炮火硝烟中，出征将士几人归？许先生少年懵懂中，亲证热血男儿的大仁大义。

仁心养成，来自民瘼。战乱、流亡中的血光、惨象，许先生没齿不忘。他治疗自身残疾时，目睹血癌男孩病骨支离，老医生操刀前庄重祷告，术后病童努力学习从未做过的动作……这些场景，都是人生课堂。潜移默化中，一介书生，视民如伤。

《许倬云十日谈》中说："世界的日子好过，我的日子也好过。""我更多的是从老百姓的角度去看待这个世界，理解我们的时代。"《心路历程》中也有"人溺我溺、人饥我饥"的文字。他相信同情心可以转化为责任感，为社会公义坐言起行。

五

1949年，钱先生到香港创办新亚书院，费先生在国立清华大学执教，许先生考入台湾大学读书。三所学校，三位学者，都在一个新开端。

钱先生告别内地，约知心同仁栖身香港，租九龙伟晴街华南中学课室和炮台街宿舍，筚路蓝缕，创办"流亡学校"（钱先生语）。《新亚遗铎》一书有钱先生为新亚书院写的校歌："手空空，无一物，路遥遥，无止境。离乱中，流浪里，饿我体肤劳我精。艰险我奋进，困乏我多情。千斤担子两肩挑，趁青春，结队向前行。珍重珍重，这是我新亚精神。"歌词中，有钱先生的处境和心情。

面对政权、社会、身份等方面的变化，费先生政学两栖，身负知识分子改造重任，组织清华园"大课"。他学着用军事术语如"战场""阵营""打仗""进攻""战术""突破阵线"等概念，适应新的政治环境，又坚持和风细雨，守护知识分子良知。他在《我们的大课》一文中坚持"习惯和思想的改造必须是自觉自愿的，因之所用的方法也必须是民主的。……谁都不应当给人扣帽子……马列主义不需要用权力来压制人家，只有非真理的教条才不能不用强制。……谁也不能强制谁去接受一种思想"。

许先生考入台大外文系，一学期后转入历史系，跨学科选课于历史系、中文系、外文系、人类学系。钱、费二位都在其学术视野，都是绕不过去的前辈。

许先生少年时已仰慕钱、费两位乡贤，赞叹"《国史大纲》可说是在日本人的枪炮声、炸弹声中写成"，认为"费先生发在《观察》上的文章，每篇都有见识"，称费先生是"自己赶不上的天才"。及修人类学、社会学，许先生确认费先生归属功能学派的同时，也有新发现。此外，他在《问学记》中还说："钱先生一辈子没有认识社会学中的功能学派，写《国史大纲》的时候，西方社会学的功能学派还未当令，但此书所用方法和角度，都与功能学派相当切合。"

许先生见人未见，钱、费方法归一。这是现代中国学界尚未经人充分注意的一段佳话。

六

许先生发现了两位前辈学人在方法上的殊途同归，对此，钱、费二位却因素无交流而不自知。

费先生晚年里多次说起过一个话题，在燕园、清华园和西南联大，曾经和钱先生先后三度同处一个校园，为什么"我们两人一直没有碰头"？

他在《暮年漫谈》中说：

　　钱穆先生和我的关系说来倒有趣。……他是苏州草桥中学的毕业生。我父亲曾经在那里教过书，大哥、二哥在那里读过书。钱穆先生后来先后在燕京、清华和西南联大任教，在这段时间里，我也正在这三个地方，但是我们两人一直没有碰头，好像被一层什么东西隔开了，相互间有距离。他没有进入潘光旦或吴文藻的圈子里。在我的印象里，他和顾颉刚一样，同学术界里的"学阀"不和。

1990年，钱先生作古，留下毕生著述。最后一课，留下对"天人合一"的彻悟。

1990年，费先生说："我今年八十岁了，想起八岁该看的书还没有看。我要补课。我的上一辈学者，从小熟读经典，用的时候张口就来。我想起一句，还要去查书，才能说得准。"

读了钱先生的书，费先生说："越读越觉得他同我近了，有很多相通的地方。比如我觉得在社会和自然人的关系上，最好的表达方式就是中国古代的'天人合一'的说法。读了宾四先生的书以后，发现他是个热衷于'天人合一'的历史学家，据说他在去世前曾对夫人说，他对'天人合一'有了新的体会。可惜没有来得及把这个体会写下来。然而，读了钱穆先生的书，仅从他所强调的，从'天''人'关系的认识上去思考东西方文化差异这一观点，就使我在考虑这个问题的时候，有了豁然开朗的感觉。"

早年里，十七岁的费先生曾对着风雪中人大声发问："老先生！你为什么这么老还要自己出来采薪呢？"晚年补课，读钱先生，他有了答案，也有了体验。

费先生说，他想写一篇《有朋自远方来》，写写心中的钱先生。

七

钱先生写《阳明学述要》，有个见解："大凡一家学术的地位和价值，全恃其在当时学术界上，能不能提出几许有力量的问题，或者与以解答。"

《许倬云十日谈》中，许先生说："学术研究就是不断给自己找问题。"

《费孝通晚年谈话录》中，时常说起国际社会中的文化接触话题："经济上休戚相关、兴衰与共了，文化上还是各美其美。……两者不协调，这是当今国际社会的一个大问题。""人与人、民族与民族、国家与国家怎么相处……将是二十一世纪的一个关键问题。"

费先生的文章里，为保持言语和文字通俗，常作比喻。他说："我曾借用中国历史上的术语，把二十世纪比喻为一个更大的战国时代，事实上的国家关系中也确实出现了更大规模的合纵连横现象。"

《许倬云十日谈》中，有人提问："当前的形势和人类历史上的哪个阶段或者时刻比较相近？"许先生回答："可能当今的时代相当于中国的战国时期、希腊的城邦时期……"

费先生的人类学角度，许先生的历史学角度，都看到了古今世界在整体格局上的相似处，都选用了"战国"概念。这一话题，由费先生破题，许先生接续。

在《世纪老人的话：费孝通卷》中，费先生说："中国人口这么多，应当在世界思想之林有所表现。我们不要忘记历史，五十多个世纪这么长的时间里，中国人没有停止过创造与发展，有实践，有经验。我们应当好好地总结，去认识几百代中国人的经历，总结出好的经验，为二十一世纪的人类发展作出贡献。我也希望自己加入总结经验的队伍，做一点思考。"

费先生说出此话时，人类处在 20 世纪末。二十年后，许先生说："中国地区从上百种新石器文化一步一步整合，从以前沿着河流的整合，变成沿着道路的整合，再变成网状的整合：最后到汉朝的时候，主流文化就有高度的异质性。这一路整合的过程中，古老中国文化不断吸收差异、承认差异。中国文化的高度异质性在于容许不同的东西共同存在，在中国文化里，承认差异是常态。同中要有异，异里面可以加入和发展出新的同。""我个人的理想是，未来世界可以模仿中国几千年走过的过程，从中获取处理当

285

下国与国之间关系的思想资源。"

　　两代学人，两门学科，呼应得如此默契，人意之上，似有天意。

八

　　1957 年，新亚书院艰苦卓绝的创业期告一段落，新校舍落成，并作了启钥典礼，被当局称为"本港中文高等教育发展史上的一个重大里程碑"。钱先生在新亚书院大学部第六届毕业典礼上说："希望各位踏入社会做事，当力求上进。……我们不应该计较名誉地位，不应三心二意，我们当努力于当前的事业岗位……我们当抱赤子之心，以迎接一切。我们不要以为社会是黑暗的。我们应该用眼睛照亮这社会。光明是从我们每个人的眼中发出去的。"

　　1957 年，新中国经济经过八年建设取得非凡成就。《剑桥中华人民共和国史》（上卷）说："到 1957 年，中共的领导人可以以相当满意的心情回顾 1949 年以来的一段时期。……人民的生活水平已经有了即使是适度的，但也是显著的提高。"费先生在实地调查中发现了农村政策导致的一些问题，他明知不合时宜，但为民众生活水平的持续改善，仍抱赤子之心写出《重访江村》，温和提议，理性商榷。他还写了广为流传的《知识分子的早春天气》等文章，希望用自己的眼睛照亮国情，照出政策误区。

286

1957年，得胡适、钱思亮、徐铭信诸位先生帮助，许先生获得唯一一个"人文奖学金"的机会，登船渡海，就读美国芝加哥大学。《心路历程》记录了他的心志，"认识西方文化在美洲大陆上这一个旁枝"。

许先生潜心攻读多学科课程的同时，像费先生当年燕园读书时一样，走出校园，到"活的美国社会"中去看"生活方式背后的精神"。他见证了"文化的后面有一大排巨人支撑着这个巨大的结构。这些巨人的名字包括：存疑、尊重别人而不专断，而这个巨大的结构是政治上的民主和思想上的自由"。

站在杰斐逊纪念堂里，面对《独立宣言》草拟时期的来往信札，许先生眼睛里有了更多光亮，看到了"美国文化的精神基础"。"容忍、爱人、不专断、不盲目服从权威，这一切都是建立在对人权的尊重之上。"

九

1997年，费先生参加香港主权回归交接仪式，现场见证"英国旗降下来，中国旗升上去"，切身感受改革开放累积起来的国家实力，领悟中国历史对不同文化和制度的融汇、统摄功能。回到内地，他和生活·读书·新知三联书店读者座谈，大段谈论钱先生，推荐阅读《国史大纲》，推重钱先生"整理中国历史，认识中国文化"的功德和意义，提示年轻一代珍惜"现实当中从历史里边保留下来的活着的东西"。

这次说钱先生，费先生对自己和他"碰不上头"作反思道："回想起来，有我自己的原因。我们不尊重历史，缺乏历史知识，缺乏对自己历史的尊重，所以不想去找钱穆那样的人。"这段话，记录在《费孝通晚年谈话录》一书中。

费先生接着说："因为没有钱穆先生的底子，对'中国特色'，我没有足够的知识从中国历史里边去看，我是换了一个角度，从现代的、西方的、人民的生活来看中国的特点，写了点文章……他是从历史上的事实出发，我是从看得见的现实出发。……我接触的面和他不同，方向是一个，都是要说出中国文化的特点和道理。"

把历史和现实放在一起，费先生提示年轻人要想大问题。他说："中国强大起来之后，该怎么办？是不是也像美国一样，我们做老大？""你们长到我这个年龄，很可能碰到这个问题的。"他预言："再努力二十年，而且能保持现在的速度，到 2020 年前后……格局就真的改变了。"他提示："好的老大什么标准？就是一个说理的、维护和平的老大。"

2005 年，费先生作古。2020 年，许先生接续这个话题。在《许倬云十日谈》中，他主张"中国做带头羊，但不做'唯一的'带头羊，可以做几个带头羊里面的一个。

我们有自己的负担，有十几亿人要喂饱肚子……不要忘记做头头的人是必须准备吃亏的人"。"做头马要付出代价，要比别人累、比别人苦，得任劳任怨。个人如此，国家如此；个人如此，民族如此；个人如此，社会如此。都是这样的。"

同时，许先生也提出了对美国的批评，比费先生说的还要尖锐和深入。他以"进入美国到现在已有六十年"的经历，以"至少十几本讨论当下美国的书"作案例，指证"美国松弛了，美国变质了，美国心有余而力不足了"。

十

对钱、费二位先生留下的不少话题，许先生都有接续，有拓展，有深化。

1938 年，钱先生著文讨论社会与政府孰高孰低的问题。他在《现代中国学术论衡》中引述顾亭林的言论说："国家兴亡，肉食者谋之。天下兴亡，匹夫有责。""言天下，亦犹言社会，其地位尚远高于政府之上，而一士人一匹夫可以直接负责，而政府之事，可置之不问。"

许先生在《问学记》中说，自己早年"也曾有野心，梦想今生能够让我派遣一支舰队开到泰晤士河口，要求英王出来道歉"。他晚年反思"强烈的民族主义已经狂妄到近乎黩武思想"带来的偏激，主张"脱离以中国为中心的世界观"，正是现代的"天下"观念。

2006年，许先生写《劫难七印》，说中国人百多年里付出无比代价，才将传统"天下国家"架构转为现代民族国家。"目前正在进行的巨变项目中，区域性政治群体……明显地将要取代民族主权的国家了。……中国必须及早面对潮流，知所避趋。"

钱先生曾谆谆嘱咐学生：记住你是一个中国人。许先生则借《问学记》说："我一方面记住自己是一个中国人，另一方面也是世界人类中的一个成员。我的性格当然是在中国文化中浸淫孕育而成，但我依然必须活在今日的世界大环境中，学习与其他文化孕育出的另一种人的相处之道。"

1999年，费先生说："我的实际是立言重于立功，甘心做个旁观者，而不做操作者。"2008年，许先生说："我其实是做了一辈子'旁观者'，常常不能亲身参预其中。"两位旁观者在同一方向、同一定位上关注人类未来。

2001年，费先生在第七届"现代化与中国文化"研讨会上说起他五十多年前写的《文化的隔膜》，其中有这样的忧虑："世界上各式各样文化里长成的人现在已开始急速地渗透往来，我们必须能相安相处，合作同工。可是我们在心理上却还没有养成求了解、讲容忍的精神，说不定我们因之还会发生种种烦恼，种种摩擦。"

2020年，《许倬云十日谈》中也表达出前瞻之忧，他说："人类具有人的智慧，是诸种生物当中进化最后一步的产物。再往后面走，是我们自己拥有继续往前演化的能力呢，还是我们没有这个能力？"

人类命运还有更多可能性。"种种摩擦"若到极端，加上全球核武器的能量，将有足够的毁灭力量。许先生以远见超越未见，使费先生的问题又深一层，让人联想到萨根的"暗淡蓝点"。

十一

许先生的远见，来自意愿，他想看见；来自学养，他能看见；来自现实问题的刺激及其开阔、深入的思索，他有机会看见。他看到了比钱、费二位前辈更丰富、更深层的世界皮相和骨相。

钱先生一生浸身于传统文化思想资源，对国故富于温情与敬意，也有大惑。他晚年写《八十忆双亲／师友杂忆》时表示："东西文化孰得孰失，孰优孰劣……余之一生亦被困在此一问题内。"

费先生自认是"东方的底子"，又喝了不少洋墨水，可谓兼涉东西，初有脱"困"见地。他写《人生的另一条道路》，有一段精彩议论：

我们是维持着东方的传统呢？还是接受一个相当

陌生的西洋人的态度？东方和西方究竟在什么东西上分出了东和西？这两个世界真是和它们所处地球上的地位一般，刚刚相反的吗？它们的白天是我们的黑夜，它们的黑夜是我们的白天？它们的黑暗时代是我们的唐宋文采，它们俯视宇内的雄姿是我们屈辱含辛的可怜相？历史会和地球一般有个轴心在旋转，东西的日夜，东西的盛衰是一个循环吗？我们有没有一个共同的光明？

许先生早年亲历国难，后求学于美国，深耕于"中央研究院"，执教于国际名校，比钱、费二位更具文化比较研究优势，既超越了钱先生之"困"，也看到了费先生不曾见过的局面。他和今天的读者共同面对的当下问题，是钱、费二位未曾遭遇的。许先生提出钱、费二位不曾提出的论题，扩展和深化了两位前辈的思想疆域，天时地利，水到渠成。

从治史看，许先生在《观世变》中认为"不能将历史约束在一个民族与一种文化的框架内"，主张并实践"打开这个框架"，这是《国史大纲》等钱著视野的自然延伸与演化，呈现出重要学术思想的成长性质。

从治学看，许先生"盼望将来没有人文科学、社会科学跟自然科学三个领域的界限，我们都在遵循一个真正美好的秩序"。这是对费先生晚年试图"扩展社会学的传统界限"的升级式扩展。

不为许师多高明，应是鸿蒙借君手。费先生说过，到一定时候，时代会找人出来做事。

十二

拙文起草过程中，承冯俊文先生发来两幅黑白照片。一幅是许先生在台北和钱先生的合影，一幅是许先生在香港和费先生、金（耀基）先生的合影。三个世代的学者，经由许先生连线，从心思到影像，三代学术因缘有了视觉呈现。"不需师承而特达自兴"的场景真实发生在面前，有机会亲证，要感谢钱先生接引，感谢费、许二位先生相续追随。

史实中，费先生和钱先生没有过接谈，许先生和费先生没有过深谈，这无妨他们共有同一片头顶星空，更有同一则心中律令。

1949年，钱先生选择"自我流放"（费先生语），艰辛办学，摩顶放踵，绝境逢生。1957年，费先生因言惹祸，不意"落入陷阱"（费先生语），1980年"改正"后夙兴夜寐，匆匆于道，"用余下的十年追回失去的二十年"（费先生语）。2020年，许先生脊椎痛到生不如死，自感朝不保夕，不知道自己能不能坚持到讲完，就像钱先生当年办学"全靠一口气撑着"，晨钟暮鼓完成"十日谈"……

无不是在为故国招魂，为文化续命，为人类求前途，为生民开太平。

许先生常感孤独。读钱先生，看费先生，又知吾道不孤。更远处，还有更多志士仁人。他在"十日谈"中说道："很多人像我一样承受过去留下的担子，宁死也背着担子。这是中国文化最大的本钱。"

"过去留下的担子"，说明前有古人。如今，许先生负重于九旬，举学灯，待来者。

《十三邀》访谈视频、《许倬云十日谈》的传播，使许先生的"孤往"演为"众议"。三代学人的关怀越出学界，滋润社会，九十岁感染了十九岁。借许先生的话头说，三个世代以后，大陆青年才听到他的心事，让人难过。三个世代以后，他有机缘"晚年开了新的门户，有机会跟国内的青年才俊一起讨论问题"，同声同气，使人欣喜。

声气同源。"秀才教"三人行中，费先生对钱先生，许先生对钱、费二位先生，都有深度认同。他们世代不同，心思聚在一处，晚年都进到"究天人之际，通古今之变，成一家之言"的殿堂。"在他们内心深处，同样存着一种深厚伟大的活动与变化。"上至宇宙，下至草木，中间无穷人事，在在萦怀。生而为人，人能如此与天地参，这场景，何其动人。

十三

钱、费、许身影中，有师从，吕思勉、潘光旦、李济之等，栩栩如见。也有私淑，王阳明、朱熹、司马迁、孔夫子等，清晰可辨。清流如许，高贵，虔敬，可师，可从。

印象里，冯友兰先生说过一段话，大意是，人类文化像一团真火，古往今来，多少思想家、学问家、诗人、作家，用自己的膏血当燃料，传续这团真火，欲罢不能。他以诗言志："智山慧海传真火，愿随前薪作后薪。"

聚在许先生身边，后生们看得眼睛发亮，跃跃欲试。其中一些，已有相当准备。

得俊文兄告知：2020 年，大疫初起，《十三邀》为许先生作九十寿辰访谈，观者数亿。

2022 年 9 月中旬，许先生新著《往里走，安顿自己》出版，一月内印数超过十万。

2022 年 9 月 10 日，许先生和俞敏洪的对话视频，直接浏览量近五百万人次。9 月 15 日开始，许先生主题演讲《工作到 92 岁是什么体验》视频，新浪微博一家浏览量达 1.5 亿人次。

许先生持续形成热点，分明已现"许倬云现象"。这是许先生身世、学术、思想混成的魅力，也是三个世代传灯之功。

三个世代"传灯"的后续接力，来者众，是实情。以许先生关注的中国社会学为例，周晓虹教授主编的《重建中国社会学：四十位社会学家口述实录（1979—2019）》可证，陈心想博士的同道，阵容可观，且含两个世代。

许先生说："我真是抱了很大很大的希望。"

周晓虹教授在上书"后记"中表达的一个愿望，可看作对许先生希望的回应。他设想："到2029年即中国社会学恢复与重建五十周年的时候，完成本次遗漏的社会学家的补访，同时再访问五十位比我们年轻一轮的社会学家，用一百位中国社会学家的个人成长史与学术演进史，回应一百年前即1930年孙本文等老一辈社会学家建立中国社会学社及吴文藻、费孝通等创立社会学'中国学派'时的伟大设想。"

许先生，您看，届时又是一场三个世代的传灯。那年，您九十九岁。

此刻，大疫弥漫。白衣卿相，岸然前行。

虽千万人吾往矣。举学灯，穿长夜，自光明。

主要参考文献

钱穆：《国史大纲》（上册），国立编译馆，1940。

费孝通:《美国与美国人》，生活·读书·新知三联书店，1985。

钱穆:《中国现代学术论衡》，岳麓书社，1986。

钱穆:《国史大纲》（下册），商务印书馆，1996。

钱穆:《八十忆双亲/师友杂忆》，生活·读书·新知三联书店，1998。

钱穆:《新亚遗铎》，生活·读书·新知三联书店，2004。

许倬云:《中国文化与世界文化》，广西师范大学出版社，2006。

许倬云:《问学记》，广西师范大学出版社，2008。

许倬云:《观世变》，广西师范大学出版社，2008。

许倬云:《历史大脉络》，广西师范大学出版社，2009。

许倬云:《心路历程》，厦门大学出版社，2015。

张冠生记录整理《费孝通晚年谈话录》，生活·读书·新知三联书店，2019。

许倬云:《许倬云十日谈》，广东人民出版社，2022。

后记

　　在职时，每天进出一个有点历史的院落，地址在北大红楼附近。

　　院中有院。新旧楼旁，一个曾相当规整的四合院。

　　据说，当年北大文科研究所就在此地，胡适、傅斯年等在此论学。再早些时候，曾作过黎元洪府邸。附近胡同里，住过陈梦家、冯友兰、季羡林等名师。

　　大约 1949 年，这里成了民盟总部。一幅老照片上，门前宽敞，有一对石狮。

　　奉调进院工作是在 1990 年代，石狮已不见。邓云乡来京，在院中客房小住。张中行来见，两人观赏院中假山、剑石、碑刻、林木，说像圆明园中物。多年后有正式归赠仪式，证明属实。

来工作前，就知道这里出入过很多大学者、大文人，是一方斯文盛地。报到当天，初进门，辄觉头上三尺一排神明，尊姓大名都叫得上来。山高水长的风范，景行行止的心情。

如张澜、梁漱溟，肝胆朋友；如沈钧儒、胡愈之，前后掌门；如章伯钧、罗隆基，一对冤家；如潘光旦、费孝通，名师高徒；如储安平、徐铸成，报人翘楚……每个人都是一本大书，合起来，该多厚重？

梁漱溟说过，民盟成立时，"把两大党以外的所有派系和人物差不多都包含在内了"，是当年国共之外知识分子代表人物的集合体。社会名流，多数在内，他们象征着一个时代。曾当面听周有光先生说，他经历过五个时代，那一段最好。

上班第一天，内心就有期待。

期待一场讲座，重史实，说真话，道真相，还原一代名士道德文章。他们能告别"群而不党"的清高，转而结社组党，张澜说自己最不喜结党却抓了一大把党。不是为己，是为民。

期待一本书，不夸饰，不避讳，客观描述一代真人，急公好义，赴国难，纾民困。直入困局，折冲樽俎。立言、立德、立功，不惜力，万难不退，不惜命，九死不悔。

盼了二十年，快退休了，讲座和书都没有等来。想：这些年里，有了些资料积累，不妨动手试试，学着编写课件，也写点文字。一次到南京作讲座，有年轻朋友当年听过，隔年又听，听后自问：前辈当年那样艰险，自己日子这般舒服，如此到老，回头看看，没有为百姓做事，心慌后悔，不就晚了？他心事说给同学朋友，多不理解。几经犹豫后，终作决断，卖了股份，脱开商圈，带着父母、妻子和孩子离开都市，回到家乡，安顿身心。

他的家乡在四川。每年回乡，总觉得都比上年更萧索、更没人气。心里难过，徒唤奈何。直到听讲座上说，陶行知主张"近处着手"做事，听得入心。他和父母一起回乡，就是想学前辈，踏踏实实为乡亲做点事，比如把土产卖出去，让乡亲增加收入；比如办个"先生驿站"，把远客请进来；比如修一条能开通车的山路，方便救护车和消防车应急。

他说，父母脸上消失了很久的踏实、安然，又回来了。

讲座之外，也试着编写了一本书，叫《从前的先生》。

梁晓声兄很有点当年先生气象，在序言里鼓励后进，说是"梳理出了一部中国民主同盟的思想简史"。

一些历史碎片，串在一起，本来是为集纳史料，保存信史素材。梁先生从中看出了史的模样，说明这番劳作值得，需要接着做。鼓励之外，梁先生还有提示——"先辈诸位，他们每一个，又都是故事多多，逸事多多，具传奇色彩之人。"

前辈先生们的故事、逸事和传奇，是该写写。即便写不好，有胜于无。

深圳康延兄筹拍纪录片《先生》，开列首辑名单，嘱写脚本。即选陶行知，得允。手边资料不够，去书店。以为可以手到擒来，没有料到，很难找。去沙滩五四书店，不得。就近到人民教育出版社门店，仅有一种。又往附近三联书店、商务印书馆涵芬楼、中华书局灿然书屋，相关书籍几近于无。陶先生为中国教育做了那么多好事，宋庆龄题为"万世师表"，辞世不过两三代人，就荒疏冷落至此，不该留点记录么？

文化靠传，史料应存，功课该做，前辈当敬。

潘光旦先生有一本著作，名《斯文悬一发》。这是潘先生诗中一句，当年是担心，如今是现实。

今天应张君兄约，在北京金台艺术馆作讲座，讲前辈先生，说家国故事，也说到潘先生。结束时，一位年轻人拿着一本书，嘱签名。这书的主角，是潘先生的学生。青年肯用心于此书，说明两代斯文已得香火，哪怕只有"一发"。人多了，"一发"可悬"千钧"。

九人之外，还有九十，九百，九千……须存，须敬，须传。

2024 年 5 月 24 日

图书在版编目（CIP）数据

九人 / 张冠生著 . -- 广州 : 广东人民出版社，
2025. 6. --（斯文丛书）. -- ISBN 978-7-218-18354
-1

I. K820.7

中国国家版本馆 CIP 数据核字第 2025YL0343 号

JIU REN

九人

张冠生　著

版权所有　翻印必究

出　版　人：肖风华

策划编辑：陈　卓
责任编辑：钱飞遥　陈　卓
封面设计：周伟伟
责任技编：吴彦斌

出版发行：广东人民出版社
地　　址：广州市越秀区大沙头四马路 10 号（邮政编码：510199）
电　　话：（020）85716809（总编室）
传　　真：（020）83289585
网　　址：https://www.gdpph.com
印　　刷：广东信源文化科技有限公司
开　　本：889 毫米 × 1194 毫米　1/32
印　　张：9.75　　字　　数：180 千
版　　次：2025 年 6 月第 1 版
印　　次：2025 年 6 月第 1 次印刷
定　　价：59.00 元

如发现印装质量问题，影响阅读，请与出版社（020-87712513）联系调换。
售书热线：（020）87717307